老舍自传

老舍／著
徐德明／选编

SPM
南方出版传媒
广东人民出版社
·广州·

图书在版编目（CIP）数据

老舍自传 / 老舍著. — 广州：广东人民出版社，2018.4
ISBN 978-7-218-12098-0

Ⅰ. ①老… Ⅱ. ①老… Ⅲ. ①老舍（1899-1966）-自传 Ⅳ. ① K825.6

中国版本图书馆 CIP 数据核字（2017）第 240909 号

Laoshe Zizhuan
老舍自传
老舍 著

出 版 人：肖风华

责任编辑：严耀峰 马妮璐
责任技编：周 杰 易志华
装帧设计：伍 霄

出版发行：广东人民出版社
地 址：广州市大沙头四马路 10 号（邮政编码：510102）
电 话：（020）83798714（总编室）
传 真：（020）83780199
网 址：http://www.gdpph.com
印 刷：天津旭丰源印刷有限公司
开 本：787mm×1092mm 1/16
印 张：15 字 数：190 千
版 次：2018 年 4 月第 1 版 2019 年 4 月第 3 次印刷
定 价：42.80 元

如发现印装质量问题，影响阅读，请与出版社（020 – 83795749）联系调换。
售书热线：（020）83795240

目　录

Contents

第一章
童年习冻饿

生于北平，三岁失怙，可谓无父。志学之年，帝王不存，可谓无君。无父无君，特别孝爱老母，布尔乔亚之仁未能一扫空也。幼读三百千，不求甚解。继学师范，遂奠教书匠之基。

第二章
糊口四方

及壮，糊口四方，教书为业，甚难发财；每购奖券，以得末彩为荣，示甘于寒贱也。二十七岁，发愤著书，科学哲学无所懂，故写小说，博大家一笑，没什么了不得。

目　录　　C o n t

第三章
壮岁饱酸辛

三十四岁结婚，今已有一女一男，均狡猾可喜。闲时喜养花，不得其法，每每有叶无花，亦不忍弃。书无所不读，全无所获，并不着急。教书作事，均甚认真，往往吃亏，亦不后悔。如是而已，再活四十年也许能有点出息！

第四章
八方风雨

我老拿着我的笔。风把我的破帽子吹落在沙漠上，雨打湿了我的瘦小的铺盖卷儿；比风雨更厉害的是多少次敌人的炸弹落在我的附近，用沙土把我埋了半截。这，是流亡，是酸苦，是贫寒，是兴奋，是抗敌，也就是“八方风雨”。

第五章
旅美译介

我们必须要使美国朋友们能够真正了解我们的老百姓，了解我们的文化。

第六章
晚年逢盛世

我高兴回到祖国来，祖国已不是半封建半殖民地的国家，而是崭新的，必能领导全世界被压迫的人民走向光明，自由，与幸福的路途上去的伟大力量！

第七章
滚滚横流水

第八章
再见

生于北平，三岁失怙，可谓无父。志学之年，帝王不存，可谓无君。无父无君，特别孝爱老母，布尔乔亚之仁未能一扫空也。幼读三百千，不求甚解。继学师范，遂奠教书匠之基。

第一章

童年习冻饿

“庆春”[1]

我是腊月二十三日酉时，全北京的人，包括皇上和文武大臣，都在欢送灶王爷上天的时刻降生的呀！

灶王爷上了天，我却落了地。

那是有名的戊戌年啊！

在我降生的时候，父亲正在皇城的什么角落值班。男不拜月，女不祭灶，自古为然。姑母是寡妇，母亲与二姐[2]也是妇女，我虽是男的，可还不堪重任。

我的母亲是因为生我，失血过多，而昏了过去。幸而大姐及时地来到。母亲晕过去半夜，才睁眼看见她的老儿子。大姐把我揣在怀里，一边为母亲的昏迷不醒而落泪，一边又为小弟弟的诞生而高兴。二姐独自

[1] 老舍从出生开始，到入基督教以前，一直用名“舒庆春”。

[2] 此处实际情况，应该是老舍的三姐。

立在外间屋，低声地哭起来。天很冷，若不是大姐把我揣起来，不管我的生命力有多么强，恐怕也有不小的危险。

在生我的第二天，虽然母亲是那么疲倦虚弱，嘴唇还是白的，她可还是不肯不操心。她知道：平常她对别人家的红白事向不缺礼，不管自己怎么发愁为难。现在，她得了“老”儿子，亲友怎能不来贺喜呢？大家来到，拿什么招待呢？父亲还没下班儿，正月的钱粮还没发放。向姑母求援吧，不好意思。跟二姐商议吧，一个小姑娘可有什么主意呢。看一眼身旁的瘦弱的、几乎要了她的命的“老”儿子，她无可如何地落了泪。

第二天早上，二哥福海搀着大舅妈来到。

他知道母亲要说什么。“您放心，全交给我啦！明天洗三，七姥姥八姨的总得来十口八口儿的，这儿二妹妹管装烟倒茶，我当厨子，两杯水酒，一碟炒蚕豆，然后是羊肉酸菜热汤儿面，有味儿没味儿，吃个热乎劲儿。好不好？有爱玩小牌儿的，四吊钱一锅。您一丁点心都别操，全有我呢！完了事，您听我一笔账，决不叫您为难！”

他的确有些本领，使我的洗三办得既经济，又不完全违背“老妈妈论”的原则。

正十二点，晴美的阳光与尖溜溜的小风把白姥姥和她的满腹吉祥话儿，送进我们的屋中。

白姥姥在炕上盘腿坐好，宽沿的大铜盆（二哥带来的）里倒上了槐枝艾叶熬成的苦水，冒着热气。参加典礼的老太太们、媳妇们，都先“添盆”，把一些铜钱放入盆中，并说着吉祥话儿。几个花生，几个红、白鸡蛋，也随着“连生贵子”等祝词放入水中。这些钱与东西，在最后，都归“姥姥”拿走。虽然没有去数，我可是知道落水的铜钱并不很多。正因如此，我们才不能不感谢白姥姥的降格相从，亲自出马，同时也足证明白姥姥惹的祸大概并不小。

边洗边说，白姥姥把说过不知多少遍的祝词又一句不减地说出来：“先洗头，作王侯；后洗腰，一辈倒比一辈高；洗洗蛋，作知县；洗洗沟，作知州！”大家听了，更加佩服白姥姥——她明知盆内的铜钱不多，而仍把吉祥话说得完完全全，不偷工减料，实在不易多得！虽然我后来既没作知县，也没作知州，我可也不能不感谢她把我的全身都洗得干干净净，可能比知县、知州更干净一些。

洗完，白姥姥又用姜片艾团灸了我的脑门和身上的各重要关节。因此，我一直到年过花甲都没闹过关节炎。她还用一块新青布，沾了些清茶，用力擦我的牙床。我就在这时节哭了起来；误投误撞，这一哭原是大吉之兆！在老妈妈们的词典中，这叫作“响盆”。有无始终坚持不哭、放弃吉利的孩子，我就不知道了。最后，白姥姥拾起一根大葱打了我三下，口中念念有词；“一打聪明，二打伶俐！”这到后来也应验了，我有时候的确和大葱一样聪明。

这棵葱应当由父亲扔到房上去。就在这紧要关头，我父亲回来了。屋中的活跃是无法形容的！他一进来，大家便一齐向他道喜。他不知请了多少安，说了多少声：“道谢啦！”可是眼睛始终瞭着炕中间。我是经得起父亲的鉴定的，浑身一尘不染，满是槐枝与艾叶的苦味与香气，头发虽然不多不长，却也刚刚梳过。我的啼声也很雄壮。父亲很满意，于是把褡裢中两吊多钱也给了白姥姥。

父　亲

我一点不能自立：是活下去好呢？还是死了好呢？我还不如那么一只小黄绒鸡。它从蛋壳里一钻出来便会在阳光下抖一抖小翅膀，而后在地上与墙角，寻些可以咽下去的小颗粒。我什么也不会，我生我死须完全听着别人的；饿了，我只知道啼哭，最具体的办法不过是流泪！我只求一饱，可是母亲没有奶给我吃。她的乳房软软的贴在胸前，乳头只是两个不体面而抽抽着的黑葡萄，没有一点浆汁。怎样呢，我饿呀！母亲和小姐姐只去用个小砂锅熬一点浆糊，加上些糕干面，填在我的小红嘴里。代乳粉与鲜牛乳，在那不大文明的时代还都不时兴；就是容易找到，家中也没有那么多的钱为我花。浆糊的力量只足以消极的使我一时不至断气，它不能教我身上那一层红软的皮儿离开骨头。我连哭都哭不出壮烈的声儿来。

假如我能自主，我一定不愿意长久这么敷衍下去，虽然有点对不起母亲，可是这样的苟且偷生怎能对得起生命呢？

自然母亲是不亏心的。她想尽了方法使我饱暖。至于我到底还是不饱不暖，她比任何人，甚至于比我自己，都更关心着急，可是她想不出好的方法来。她只能偎着我的瘦脸，含着泪向我说：“你不会投生到个好地方去吗？”然后她用力的连连吻我，吻得我出不来气，母子的瘦脸上都显出一点很难见到的血色。

“七坐八爬”。但是我到七个月不会坐，八个月也不会爬。我很老实，仿佛是我活到七八月之间已经领略透了生命的滋味，已经晓得忍耐与敷衍。除了小姐姐把我扯起来趔趄着的时候，我轻易也不笑一笑。我的青黄的小脸上几乎是带出由隐忍而傲慢的神气，所以也难怪姑母总说我是个“姥姥不疼，舅舅不爱的小东西”。

我猜想着，我那个时候一定不会很体面。虽然母亲总是说我小时候怎么俊，怎么白净，可是我始终不敢深信。母亲眼中要是有了丑儿女，人类即使不灭绝，大概也得减少去好多好多吧。当我七八岁的时候，每逢大姐丈来看我们，他必定要看看我的“小蚕”。看完了，他仿佛很放心了似的，咬着舌儿说——他是个很漂亮的人，可惜就是有点咬舌儿——“哼，老二行了；当初，也就是豌豆那么点儿！”我很不爱听这个，就是小一点吧，也不至于与豌豆为伍啊！可是，恐怕这倒比母亲的夸赞更真实一些，我的瘦弱丑陋是无可否认的。

一岁半，我把父亲“克”死了。

父亲的模样，我说不上来，因为还没到我能记清楚他的模样的时候，他就逝世了。这是后话，不用在此多说。我只能说，他是个“面黄无须”的旗兵，因为在我八九岁时，我偶然发现了他出入皇城的那面腰牌，上面烫着“面黄无须”四个大字。

义和团起义的那一年，我还不满两岁，当然无从记得当时的风狂火烈、杀声震天的声势和光景。可是，自从我开始记事，直到老母病逝，我听过多少多少次她的关于八国联军罪行的含泪追述。对于集合到北京来的各路团民的形象，她述说的不多，因为她，正像当日的一般妇女那样，是不敢轻易走出街门的。她可是深恨，因而也就牢牢记住洋兵的罪行——他们找上门来行凶打抢。母亲的述说，深深印在我的心中，难以磨灭。在我的童年时期，我几乎不需要听什么吞吃孩子的恶魔等等故事。母亲口中的洋兵是比童话中巨口獠牙的恶魔更为凶暴的。况且，童话只是童话，母亲讲的是千真万确的事实，是直接与我们一家人有关的事实。

我不记得父亲的音容，他是在哪一年与联军巷战时阵亡的。他是每月关三两饷银的护军，任务是保卫皇城。联军攻入了地安门，父亲死在北长街的一家粮店里。

那时候，母亲与姐姐既不敢出门，哥哥刚九岁，我又大部分时间睡在炕上，我们实在无从得到父亲的消息——多少团民、士兵，与无辜的人民就那么失了踪！

多亏舅父家的二哥前来报信。二哥也是旗兵，在皇城内当差。败下阵来。他路过那家粮店，进去找点水喝。那正是热天。店中职工都已逃走，只有我的父亲躺在那里，全身烧肿，已不能说话。他把一双因脚肿而脱下来的布袜子交给了二哥，一语未发。父亲到什么时候才受尽苦痛而身亡，没人晓得。

父亲的武器是老式的抬枪，随放随装火药。几杆抬枪列在一处，不少的火药就撒落在地上。洋兵的子弹把火药打燃，而父亲身上又带有火药，于是……

在那大混乱中，二哥自顾不暇，没法儿把半死的姑父背负回来，找车没车，找人没人，连皇上和太后不是都跑了吗？

进了门，二哥放声大哭，把那双袜子交给了我的母亲。许多年后，二哥每提起此事就难过，自谴。可是我们全家都没有责难过他一句。我们恨八国联军！

母亲当时的苦痛与困难，不难想象。城里到处火光烛天，枪炮齐响，有钱的人纷纷逃难，穷苦的人民水断粮绝。父亲是一家之主，他活着，我们全家有点老米吃；他死去，我们须自谋生计。母亲要强，没有因为悲伤而听天由命。她日夜操作。得些微薄的报酬，使儿女们免于死亡。在精神状态上，我是个抑郁寡欢的孩子，因为我刚一懂得点事便知道了愁吃愁喝。这点痛苦并不是什么突出的例子。那年月，有多少儿童被卖出去或因饥寒而夭折了啊！

联军攻入北京，他们究竟杀了多少人，劫走多少财宝，没法统计。这是一笔永远算不清的债！以言杀戮，确是鸡犬不留。北京家家户户的鸡都被洋兵捉走。敢出声的狗，立被刺死——我家的大黄狗就死于刺刀之下。偷鸡杀狗表现了占领者的勇敢与威风。以言劫夺，占领者的确“文明”。他们不像绿林好汉那么粗野，劫获财宝，呼啸而去。不！他们都有高度的盗窃技巧，他们耐心地，细致地挨家挨户去搜索，剔刮，像姑娘篦发那么从容、细腻。

我们住的小胡同，连轿车也进不来，一向不见经传。那里的住户都是赤贫的劳动人民，最贵重的东西不过是张大妈的结婚戒指（也许是白铜的），或李二嫂的一根银头簪，可是，洋兵以老鼠般的聪明找到这条小胡同，三五成群，一天不知来几批。我们的门户须终日敞开，妇女们把剪子藏在怀里，默默地坐在墙根，等待着文明强盗——刽子手兼明火、小偷。他们来到，先去搜鸡，而后到屋中翻箱倒柜，从容不迫地、无孔不入地把稍有价值的东西都拿走。第一批若有所遗漏，自有第二批、第三批前来加意精选。

我们的炕上有两只年深日久的破木箱。我正睡在箱子附近。文明强盗又来了。我们的黄狗已被前一批强盗刺死，血还未干。他们把箱底儿朝上，倒出所有的破东西。强盗走后母亲进来，我还被箱子扣着。我一定是睡得很熟，要不然，他们找不到好东西，而听到孩子的啼声，十之八九也会给我一刺刀。一个中国人的性命，在那时节，算得了什么呢！况且，我又是那么瘦小，不体面的一个孩子呢！

入　学

在我小的时候，我因家贫而身体很弱。我九岁才入学。因家贫体弱，母亲有时候想叫我去上学，又怕我受人家的欺侮，更怕交不上学费，所以一直到九岁我还不识一个字。说不定，我会一辈子也得不到读书的机会，因为母亲虽然知道读书的重要，可是每月间三四吊钱的学费，实在让她为难。母亲是最喜脸面的人。她迟疑不决，光阴又不等待着任何人，荒来荒去，我也许就长到十多岁了。一个十多岁的贫而不识字的孩子，很自然的是去作个小买卖——弄个小筐，卖些花生，煮豌豆，或樱桃什么的。要不然就是去学徒。母亲很爱我，但是假若我能去作学徒，或提篮沿街卖樱桃而每天赚几百钱，她或者就不会坚决的反对。穷困比爱心更有力量。

有一天，刘大叔偶然的来了。我说“偶然的”，因为他不常来看我们。他是个极富的人，尽管他心中并无贫富之别，可是他的财富使他终日不得闲，几乎没有工夫来看穷朋友。一进门，他看见了我。“孩子几岁了？上学没有？”他问我的母亲。他的声音是那么洪亮（在酒后，他常以学喊俞振庭的《金钱豹》自傲），他的衣服是那么华丽，他的眼是那么亮，他的脸和手是那么白嫩肥胖，使我感到我大概是犯了什么罪。我们的小屋，破桌凳，土炕，几乎受不住他的声音的震动。等我母亲回答完，刘大叔马上决定：“明天早上我来，带他上学！学钱和书籍，大姐你都不必管！”我的心跳起多高，谁知道上学是怎么一回事呢！

第二天，我像一条不体面的小狗似的，随着这位阔人去入学。学校是一家改良私塾，在离我的家有半里多地的一座道士庙里。庙不甚大，而充满了各种气味：一进山门先有一股大烟味，紧跟着便是糖精味（有一家熬制糖球糖块的作坊），再往里，是厕所味，与别的臭味。学校是在大殿里。大殿两旁的小屋住着道士，和道士的家眷。大殿里很黑，很冷。神像都用黄布挡着，供桌上摆着孔圣人的牌位。学生都面朝西坐着，一共有三十来人。西墙上有一块黑板——这是“改良”私塾。老师姓李，一位极死板而极有爱心的中年人。刘大叔和李老师“嚷”了一顿，而后叫我拜圣人及老师。老师给了我一本《地球韵言》和一本《三字经》。我于是就变成了学生。

自从作了学生以后，我时常的到刘大叔的家中去。他的宅子有两个大院子，院中几十间房屋都是出廊的。院后，还有一座相当大的花园。宅子的左右前后全是他的房产，若是把那些房子齐齐的排起来，可以占半条大街。此外，他还有几处铺店。每逢我去，他必招呼我吃饭，或给我一些我没有看见过的点心。他绝不以我为一个苦孩子而冷淡我，他是阔大爷，但是他不以富傲人。

在我由私塾转入公立学校去的时候，刘大叔又来帮忙。

我记得很清楚：我从私塾转入学堂，即编入初小三年级，与莘田同班。我们的学校是西直门大街路南的两等小学堂。下午放学后，我们每每一同到小茶馆去听评讲《小五义》或《施公案》。出钱总是他替我付。不久，这个小学堂改办女学。我就转入南草厂的第十四小学。

刘大叔的财产已大半出了手，他是阔大爷，他只懂得花钱，而不知道计算。人们吃他，他甘心叫他们吃；人们骗他，他付之一笑。他的财产有一部分是卖掉的，也有一部分是被人骗了去的，他不管；他的笑声照旧是洪亮的。

到我在中学毕业的时候，他已一贫如洗，什么财产也没有了，只剩了那个后花园。不过，在这时候，假若他肯用心思，去调整他的产业，他还能有办法叫自己丰衣足食，因为他的好多财产是被人家骗了去的。可是，他不肯去请律师。贫与富在他心中是完全一样的。假若在这时候，他要是不再随便花钱，他至少可以保住那座花园，和城外的地产。可是，他好善。尽管他自己的儿女受着饥寒，尽管他自己受尽折磨，他还是去办贫儿学校、粥厂等等慈善事业。他忘了自己。就是在这个时候，我和他过往最密。他办贫儿学校，我去作义务教师。他施舍粮米，我去帮忙调查及散放。在我的心里，我很明白：放粮放钱不过只是延长贫民的受苦难的日期，而不足以阻拦住死亡。但是，看刘大叔那么热心，那么真诚，我就不顾得和他辩论，而只好也出点力了。即使我和他辩论，我也不会得胜，人情是往往能战败理智的。

1924年，刘大叔的儿子死了，而后，他的花园也出了手。他入庙为僧，夫人与小姐入庵为尼。由他的性格来说，他似乎势必走入避世学禅的一途。但是由他的生活习惯上来说，大家总以为他不过能念念经，布施布施僧道而已，而绝对不会受戒出家。他居然出了家。在以前，他吃的是山珍海味，穿的是绫罗绸缎。他也嫖也赌。现在，他每日一餐，入秋还穿着件夏布道袍。这样苦修，他的脸上还是红红的，笑声还是洪亮的。对佛学，他有多么深的认识，我不敢说。我却真知道他是个好和尚，他知道一点便去作一点，能作一点便作一点。他的学问也许不高，但是他所知道的都能见诸实行。

出家以后，他不久就作了一座大寺的方丈。可是没有好久就被驱逐出来。他是要作真和尚，所以他不惜变卖庙产去救济苦人。庙里不要这种方丈。一般的说，方丈的责任是要扩充庙产，而不是救苦救难的。离开大寺，他到一座没有任何产业的庙里作方丈。他自己既没有钱，还须天天为僧众们找到斋吃。同时，他还举办粥厂等等慈善事业。他穷，他忙，他每日只进一顿简单的素餐，可是他的笑声还是那么洪亮。他的庙里不应佛事，赶到有人来请，他便领着僧众给人家去念真经，不要报酬。他整天不在庙里，但是他并没忘了修持；他持戒越来越严，对经义也深有所获。他白天在各处筹钱办事，晚间在小室里作功夫。谁见到这位破和尚也不会想到他曾是个在金子里长起来的阔大爷。

1939 年有一天，他正给一位圆寂了的和尚念经，他忽然闭上了眼，就坐化了。火葬后，人们在他的身上发现许多舍利。

没有他，我也许一辈子也不会入学读书。没有他，我也许永远想不起帮助别人有什么乐趣与意义。他是不是真的成了佛？我不知道。但是，我的确相信他的居心与苦行是与佛极相近似的。我在精神上物质上都受过他的好处，现在我的确愿意他真的成了佛，并且盼望他以佛心引领我向善，正像在三十五年前，他拉着我去入私塾那样！

他是宗月大师。

当我在小学毕了业的时候，亲友一致的愿意我去学手艺，好帮助母亲。我晓得我应当去找饭吃，以减轻母亲的勤劳困苦。可是，我也愿意升学，考入了祖家街的第三中学，在“三中”没有好久，我偷偷的考入了师范学校——制服，饮食，书籍，宿处，都由学校供给。只有这样，我才敢对母亲说升学的话。入学，要交十圆的保证金。这是一笔巨款！母亲作了半个月的难，把这巨款筹到，而后含泪把我送出门去。她不辞劳苦，只要儿子有出息。当我由师范毕业，而被派为小学校校长，母亲与我都一夜不曾合眼。我只说了句：“以后，您可以歇一歇了！”她的回答只有一串串的眼泪。我入学之后，三姐结了婚。母亲对儿女是都一样疼爱的，但是假若她也有点偏爱的话，她应当偏爱三姐，因为自父亲死后，家中一切的事情都是母亲和三姐共同撑持的。三姐是母亲的右手。但是母亲知道这右手必须割去，她不能为自己的便利而耽误了女儿的青春。当花轿来到我们的破门外的时候，母亲的手就和冰一样的凉，脸上没有血色——那是阴历四月，天气很暖。大家都怕她晕过去。可是，她挣扎着，咬着嘴唇，手扶着门框，看花轿徐徐的走去。不久，姑母死了。三姐已出嫁，哥哥不在家，我又住学校，家中只剩母亲自己。她还须自晓至晚的操作，可是终日没人和她说一句话。

中学的时期[1]是最忧郁的，四五个新年中只记得一个，最凄凉的一个。那是头一次改用阳历，旧历的除夕必须回学校去，不准请假。姑母刚死两个多月，她和我们同住了三十年的样子。她有时候很厉害，但大体上说，她很爱我。哥哥当差，不能回来。家中只剩母亲一人。

新年最热闹，也最没劲，我对它老是冷淡的。自从一记事儿起，家

[1] 老舍曾辗转两所中学，分别为祖家街市立第三中学和北京师范学校。

中就似乎很穷。爆竹总是听别人放，我们自己是静寂无哗。记得最真的是家中一张“王羲之换鹅”图。每逢除夕，母亲必把它从个神秘的地方找出来，挂在堂屋里。我在四点多钟回到家中，母亲并没有把“王羲之”找出来。吃过晚饭，我不能不告诉母亲了——我还得回校。她愣了半天，没说什么。我慢慢的走出去，她跟着走到街门。摸着袋中的几个铜子，我不知道走了多少时候，才走到了学校。路上必是很热闹，可是我并没看见，我似乎失了感觉。到了学校，学监先生正在学监室门口站着。他先问我：“回来了？”我行了个礼。他点了点头，笑着叫了我一声：“你还回去吧。”这一笑，永远印在我心中。假如我将来死后能入天堂，我必把这一笑带给上帝去看。

我好像没走就又到了家，母亲正对着一枝红烛坐着呢。她的泪不轻易落，她又慈善又刚强。见我回来了，她脸上有了笑容，拿出一个细草纸包儿来：“给你买的杂拌儿，刚才一忙，也忘了给你。”母子好像有千言万语，只是没精神说。早早的就睡了。母亲也没精神。

使我念念不忘的是方唯一先生。方先生的字与文造诣都极深，我十六七岁练习古文旧诗受益于他老先生者最大。在五四运动以前，我虽然很年轻，可是我的散文是学桐城派，我的诗是学陆放翁与吴梅村。他给我一副对子。这一副对子是他临死以前给我写的，用笔运墨之妙，可以算他老人家的杰作。在抗战前，无论我在哪里住家，我总把它悬在最显眼的地方。我还记得它的文字：“四世传经是谓通德，一门训善惟以永年。”

没有故事

人是为明天活着的，因为记忆中有朝阳晓露；假若过去的早晨都似地狱那么暗丑恶，盼明天干吗呢？是的，记忆中也有痛苦危险，可是希望会把过去的恐怖裹上一层糖衣，像看着一出悲剧似的苦中有些甜美。无论怎说吧，过去的一切都不可移动；实在，所以可靠；明天的渺茫全仗昨天的实在撑持着，新梦是旧事的拆洗缝补。

对了，我记得她的眼。她死了好多年了，她的眼还活着，在我的心里。这对眼睛替我看守着爱情。当我忙得忘了许多事。甚至于忙忘了她，这两只眼会忽然在一朵云中，或一汪水里，或一瓣花上，或一线光中，轻轻的一闪，像归燕的翅儿，只须一闪，我便感到无限的春光。我立刻就回到那梦境中，哪一件小事都凄凉，甜美，如同独自在春月下踏着落花。

这双眼所引的一点爱火，只是极纯的一个小火苗，像心中的一点晚霞，晚霞的结晶。它可以照明了流水远山。照明了春花秋叶，给海浪一些金光，可是它恰好的也能在我心中，照明了我的泪珠。

它们只有两个神情：一个是凝视，极短极快，可是千真万确的凝视。只微微的一看，就看到我的灵魂，把一切都无声的告诉了给我。凝视，一点也不错，我知道她只须极短极快的一看，看的动作过去了，极快的过去了，可是，她心里看着我呢，不定看多么久呢；我到底得管这叫作凝视，不论它是多么快，多么短。一切的诗文都用不着，这一眼道尽了“爱”所会说的与所会作的。另一个是眼珠横着一移动，由微笑移动到微笑里去，在处女的尊严中笑出一点点被爱逗出的轻佻，由热情中笑出一点点无法抑止的高兴。

我没和她说过一句话，没握过一次手，见面连点头都不点。可是我的一切，她知道；她的一切，我知道。我们用不着看彼此的服装，用不着打听彼此的身世，我们一眼看到一粒珍珠，藏在彼此的心里；这一点点便是我们的一切，那些七零八碎的东西都是配搭，都无须注意。看我一眼，她低着头轻快的走过去，把一点微笑留在她身后的空气中，像太阳落后还留下一些明霞。

我们彼此躲避着，同时彼此愿马上搂抱在一处。我们轻轻的哀叹；忽然遇见了，那么凝视一下，登时欢喜起来，身上像减了分量，每一步都走得轻快有力，像要跳起来的样子。

我们极愿意过一句话，可是我们很怕交谈，说什么呢？哪一个日常的俗字能道出我们的心事呢？让我们不开口，永不开口吧！我们的对视与微笑是永生的，是完全的，其余的一切都是破碎微弱，不值得一作的。

我们分离有许多年了，她还是那么秀美，那么多情，在我的心里。她将永远不老，永远只向我一个人微笑。在我的梦中，我常常看见她，一个甜美的梦是最真实，最纯洁，最完美的，多少多少人生中的小困苦小折磨使我丧气，使我轻看生命。可是，那个微笑与眼神忽然的从哪儿飞来，我想起唯有“人面桃花相映红”差可托拟的一点心情与境界，我忘了困苦，我不再丧气，我恢复了青春；无疑的，我在她的洁白的梦中，必定还是个美少年呀。

春在燕的翅上，把春光颤得更明了一些，同样，我的青春在她的眼里，永远使我的血温暖，像土中的一颗子粒，永远想发出一个小小的绿芽。一粒小豆那么小的一点爱情，眼珠一移，嘴唇一动，日月都没有了作用，到无论什么时候，我们总是一对刚开开的春花。

不要再说什么，不要再说什么！我的烦恼也是香甜的呀，因为她那么看过我！

及壮，糊口四方，教书为业，甚难发财；每购奖券，以得末彩为荣，示甘于寒贱也。二十七岁，发愤著书，科学哲学无所懂，故写小说，博大家一笑，没什么了不得。

第二章

糊口

四方

“五四”

因家贫，我在初级师范学校毕业后就去挣钱养家，不能升学。在“五四”运动的时候，我正作一个小学校的校长。“五四”把我与“学生”隔开。我看见了“五四”运动，而没在这个运动里面，我已作了事。是的，我差不多老没和教育事业断缘，可是到底对于这个大运动是个旁观者。

以我这么一个中学毕业生（那时候，中学是四年毕业，初级师范是五年毕业）既没有什么学识，又须挣钱养家，怎么能够一来二去地变成作家呢？这就不能不感谢“五四”运动了！

假若没有“五四”运动，我很可能终身作这样的一个人：兢兢业业地办小学，恭恭顺顺地侍奉老母，规规矩矩地结婚生子，如是而已。我绝对不会忽然想起去搞文艺。

这并不是说，作家比小学校校长的地位更高，任务更重；一定不是！我是说，没有“五四”，我不可能变成个作家。“五四”给我创造了当作家的条件。

首先是；我的思想变了。“五四”运动是反封建的。这样，以前我以为对的，变成了不对。我幼年入私塾，第一天就先给孔圣人的木牌行三跪九叩的大礼；后来，每天上学下学都要向那牌位作揖。到了“五四”，孔圣人的地位大为动摇。既可以否定孔圣人，那么还有什么不可否定的呢？他是大成至圣先师啊！这一下子就打乱了二千年来的老规矩。这可真不简单！我还是我，可是我的心灵变了，变得敢于怀疑孔圣人了！这还了得！假若没有这一招，不管我怎么爱好文艺，我也不会想到跟才子佳人、鸳鸯蝴蝶有所不同的题材，也不敢对老人老事有任何批判。“五四”运动送给了我一双新眼睛。

其次是：“五四”运动是反抗帝国主义的。自从我在小学读书的时候，我就知道了国耻。可是，直到“五四”，我才知道一些国耻是怎么来的，而且知道了应该反抗和反抗什么。以前，我常常听说“中国不亡，是无天理”这类的泄气话，而且觉得不足为怪。看到了“五四”运动，我才懂得了“天下兴亡，匹夫有责”。这运动使我看见了爱国主义的具体表现，明白了一些救亡图存的初步办法。反封建使我体会到人的尊严，人不该作礼教的奴隶；反帝国主义使我感到中国人的尊严，中国人不该再作洋奴。这两种认识就是我后来写作的基本思想与情感。虽然我写的并不深刻，可是若没有“五四”运动给了我这点基本东西，我便什么也写不出了。这点基本东西迫使我非写不可，也就是非把封建社会和帝国主义所给我的苦汁子吐出来不可！这就是我的灵感，一个献身文艺写作的灵感。

最后，“五四”运动也是个文艺运动。白话已成为文学的工具。这就打断了文人腕上的锁铐——文言。不过，只运用白话并不能解决问题。没有新思想，新感情，用白话也可以写出非常陈腐的东西。新的心灵得到新的表现工具，才能产生内容与形式一致新颖的作品。“五四”给了我一个新的心灵，也给了我一个新的文学语言。到了“五四”运动时期，白话文学兴起，我不由得狂喜。假若那时候，凡能写几个字的都想一跃而成为文学家，我就也是一个。我开始偷偷的写小说。我并没想去投稿，也没投过稿。可是，用白话写，而且字句中间要放上新的标点符号，那是多么痛快有趣的事啊！再有一百个吴梅村，也拦不住我去试写新东西！这文字解放（以白话代文言）的狂悦，在当时，使我与千千万万的青年不知花费了多少心血，消耗了多少纸笔！

这种狂悦可并不一定使人搞清楚思想，反之，它倒许令人迷惘，伤感，沉醉在一种什么地方都是诗，而又不易捉摸到明朗的诗句的境界。我就是那样。我想象着月色可能是蓝的，石头是有感觉的，而又没有胆子把蓝月与活石写出来。新诗既不能得心应手，有时候我就在深夜朗读《离骚》。

感谢“五四”，它叫我变成了作家，虽然不是怎么了不起的作家。

英　国

二十七岁，我上了英国。为了自己，我给六十多岁的老母以第二次打击。在她七十大寿的那一天，我还远在异域。那天，据姐姐们后来告诉我，老太太只喝了两口酒，很早的便睡下。她想念她的幼子，而不便说出来。

· 头一天 ·

那时候（一晃几十年了），我的英语就很好。我能把它说得不像英语，也不像德语，细听才听得出——原来是“华英官话”。那就是说，我很艺术的把几个英国字匀派在中国字里，如鸡兔之同笼。英国人把我说得一愣一愣的，我可也把他们说得直眨眼；他们说的他们明白，我说的我明白，也就很过得去了。

给它个死不下船，还有错儿么？！反正船得把我运到伦敦去，心里有底！

果然一来二去的到了伦敦。船停住不动，大家都往下搬行李，我看出来了，我也得下去。什么码头？顾不得看；也不顾问，省得又招人们眨眼。检验护照，我是末一个——英国人不像咱们这样客气，外国人得等着。等了一个多钟头，该我了。两个小官审了我一大套，我把我心里明白的都说了，他俩大概没明白。他们在护照上盖了个戳儿，我“看”明白了：“准停留一月 Only”（后来由学校宴请内务部把这个给注销了，不在话下）。管它 Only 还是“哼来”，快下船哪，别人都走了，敢情还得检查行李呢。这回很干脆：“烟？”我说“no”；“丝？”又一个“no”。皮箱上画了一道符，完事。我的英语很有根了，心里说。看别人买车票，我也买了张；大家走，我也走；反正他们知道上哪儿。他们要是走丢了，我还能不陪着么？上了火车。火车非常的清洁舒服。越走，四外越绿，高高低低全是绿汪汪的。太阳有时出来，有时进去，绿地的深浅时时变动。远处的绿坡托着黑云，绿色特别的深厚。看不见庄稼，处处是短草，有时看见一两只摇尾食草的牛。这不是个农业国。

车停在 Cannon Street。大家都下来，站台上不少接客的男女，接吻的声音与姿势各有不同，我也慢条斯理的下来；上哪儿呢？啊，来了救兵，易文思教授向我招手呢。他的中国话比我的英语应多得着九十多分。他与我一人一件行李，走向地道车站去；有了他，上地狱也不怕了。坐地道火车到了 Liverpool Street。这是个大车站。把行李交给了转运处，他们自会给送到家去。然后我们喝了杯啤酒，吃了块点心。车站上，地道里，转运处，咖啡馆，给我这么个印象：外面都是乌黑不起眼，可是里面非常的清洁有秩序。后来我慢慢看到，英国人也是这样。脸板得要哭似的，心中可是很幽默，很会讲话。他们慢，可是有准。易教授早一分钟也不来，车进了站，他也到了。他想带我上学校去，就在车站的外边。想了想，又不去了，因为这天正是礼拜。他告诉我，已给我找好了房，而且是和许地山在一块。我更痛快了，见了许地山还有什么事作呢，除了说笑话?

易教授住在Barnet，所以他也在那里给我找了房。这虽在“大伦敦”之内，实在是属Hertfordshire，离伦敦有十一哩，坐快车得走半点多钟。我们就在原车站上了车，赶到车快到目的地，又看见大片的绿草地了。下了车，易先生笑了。说我给带来了阳光。果然，树上还挂着水珠，大概是刚下过雨去。

正是九月初的天气，地上潮阴阴的，树和草都绿得鲜灵灵的。由车站到住处还要走十分钟。街上差不多没有什么行人，汽车电车上也空空的。礼拜天。街道很宽，铺户可不大，都是些小而明洁的，此处已没有伦敦那种乌黑色。铺户都关着门，路右边有一大块草场，远处有一片树林，使人心中安静。

最使我忘不了的是一进了胡同：Carnarvon Street。这是条不大不小的胡同。路是柏油碎石子的，路边上还有些流水，因刚下过雨去。两旁都是小房，多数是两层的，瓦多是红色。走道上有小树，多像冬青，结着红豆。房外二尺多的空地全种着花草，我看见了英国的晚玫瑰。窗都下着帘，绿蔓有的爬满了窗沿。路上几乎没人，也就有十点钟吧，易教授的大皮鞋响声占满了这胡同，没有别的声。那些房子实在不是很体面，可是被静寂，清洁，花草，红绿的颜色，雨后的空气与阳光，给了一种特别的味道。它是城市，也是村庄，它本是在伦敦作事的中等人的居住区所。房屋表现着小市民气，可是有一股清香的气味，和一点安适太平的景象。

将要作我的寓所的也是所两层的小房，门外也种着一些花，虽然没有什么好的，倒还自然；窗沿上悬着一两枝灰粉的豆花。房东是两位老姑娘，姐已白了头，胖胖的很傻，说不出什么来。妹妹作过教师，说话很快，可是很清晰，她也有四十上下了。妹妹很尊敬易教授，并且感谢他给介绍两位中国朋友。许地山在屋里写小说呢，用的是一本油盐店的账本，笔可是钢笔，时时把笔尖插入账本里去，似乎表示着力透纸背。

房子很小：楼下是一间客厅，一间饭室，一间厨房。楼上是三个卧室，一个浴室。由厨房出去，有个小院，院里也有几棵玫瑰，不怪英国史上有玫瑰战争，到处有玫瑰，而且种类很多。院墙只是点矮矮的木树，左右邻家也有不少花草，左手里的院中还有几株梨树，挂了不少果子。我说“左右”，因自从在海上便转了方向，太阳天天不定从哪边出来呢！

这所小房子里处处整洁，据地山说，都是妹妹一个人收拾的；姐姐本来就傻，对于工作更会“装”傻。他告诉我，她们的父亲是开面包房的，死时把买卖给了儿子，把两所小房给了二女。姐妹俩卖出去一所，把钱存起吃利；住一所，租两个单身客，也就可以维持生活。哥哥不管她们，她们也不求哥哥。妹妹很累，她操持一切；她不肯叫住客把硬领与袜子等交洗衣房：她自己给洗并烫平。在相当的范围内，她没完全商业化了。

易先生走后，姐姐戴起大而多花的帽子，去作礼拜。妹妹得作饭，只好等晚上再到教堂去。她们很虔诚；同时，教堂也是她们唯一的交际所在。姐姐并听不懂牧师讲的是什么，地山告诉我。路上慢慢有了人声，多数是老太婆与小孩子，都是去礼拜的。偶尔也跟着个男人，打扮得非常庄重，走路很响，是英国小绅士的味儿。邻家有弹琴的声音。

饭好了，姐姐才回来，傻笑着。地山故意的问她，讲道的内容是什么？她说牧师讲的很深，都是哲学。饭是大块牛肉。由这天起，我看见牛肉就发晕。英国普通人家的饭食，好处是在干净；茶是真热。口味怎样，我不敢批评，说着伤心。

饭后，又没了声音。看着屋外的阳光出没，我希望点蝉声，没有。什么声音也没有。连地山也不讲话了。寂静使我想起家来，开始写信。地山又拿出账本来，写他的小说。

伦敦边上的小而静的礼拜天。

·东方学院·

从1924年的秋天，到1929年的夏天，我一直在伦敦住了五年。除了暑假寒假和春假中，我有时候离开伦敦几天，到乡间或别的城市去游玩，其余的时间都消磨在这个大城里。我的工作不许我到别处去，就是在假期里，我还有时候得到学校去。我的钱也不许我随意的去到各处跑，英国的旅馆与火车票价都不很便宜。

我工作的地方是东方学院，伦敦大学的各学院之一。这里，教授远东近东和非洲的一切语言文字。重要的语言都成为独立的学系，如中国语、阿拉伯语等；在语言之外还讲授文学哲学什么的。次要的语言，就只设一个固定的讲师，不成学系，如日本语；假如有人要特意的请求讲授日本的文学或哲学等，也就由这个讲师包办。不甚重要的语言，便连固定的讲师也不设，而是有了学生再临时去请教员，按钟点计算报酬。譬如有人要学蒙古语文或非洲的非英属的某地语文，便是这么办。自然，这里所谓的重要与不重要，是多少与英国的政治、军事、商业等相关联的。

在学系里，大概的都是有一位教授，和两位讲师。教授差不多全是英国人；两位讲师总是一个英国人，和一个外国人——这就是说，中国语文系有一位中国讲师，阿拉伯语文系有一位阿拉伯人作讲师。这是三位固定的教员，其余的多是临时请来的，比如中国语文系里，有时候于固定的讲师外，还有好几位临时的教员，假若赶到有学生要学中国某一种方言的话；这系里的教授与固定讲师都是说官话的，那么要是有人想学厦门话或绍兴话，就非去临时请人来教不可。

这里的教授也就是伦敦大学的教授。这里的讲师可不都是伦敦大学的讲师。以我自己说，我的聘书是东方学院发的，所以我只算学院里的讲师，和大学不发生关系。那些英国讲师多数的是大学的讲师，这倒不一定是因为英国讲师的学问怎样的好，而是一种资格问题：有了大学讲师的资格，他们好有升格的希望，由讲师而副教授而教授。教授既全是英国人，如前面所说过的，那么外国人得到了大学的讲师资格也没有多大用处。况且有许多部分，根本不成为学系，没有教授，自然得到大学讲师的资格也不会有什么发展。在这里，看出英国人的偏见来。以梵文、古希伯来文、阿拉伯文等说，英国的人才并不弱于大陆上的各国；至于远东语文与学术的研究，英国显然的追不上德国或法国。设若英国人愿意，他们很可以用较低的薪水去到德法等国聘请较好的教授。可是他们不肯。他们的教授必须是英国人，不管学问怎样。就我所知道的，这个学院里的中国语文学系的教授，还没有一位真正有点学问的。这在学术上是吃了亏，可是英国人自有英国人的办法，决不会听别人的。幸而呢，别的学系真有几位好的教授与讲师，好歹一背拉，这个学院的教员大致的还算说得过去。况且，于各系的主任教授而外，还有几位学者来讲专门的学问，像印度的古代律法，巴比伦的古代美术等等，把这学院的声价也提高了不少。在这些教员之外，另有位音韵学专家，教给一切学生以发音与辨音的训练与技巧，以增加学习语言的效率。这倒是个很好的办法。

大概的说，此处的教授们并不像牛津或剑桥的教授们那样只每年给学生们一个有系统的讲演，而是每天与讲师们一样的教功课。[1] 这就必须说一说此处的学生了。到这里来的学生，几乎没有任何的限制。以年龄说，有的是七十岁的老夫或老太婆，有的是十几岁的小男孩或女孩。只要交上学费，便能入学。于是，一人学一样，很少有两个学生恰巧学一样东西的。拿中国语文系说吧，当我在那儿的时候，学生中就有两位七十多岁的老人：一位老人是专学中国字，不大管它们都念作什么，所以他指定要英国的讲师教他。另一位老人指定要跟我学，因为他非常注重发音；他对语言很有研究，古希腊，拉丁，希伯来，他都会，到七十多岁了，他要听听华语是什么味儿；学了些日子华语，他又选上了日语。这两个老人都很用功，头发虽白，心却不笨。这一对老人而外，还有许多学生：有的学言语，有的念书，有的要在伦敦大学得学位而来预备论文，有的念元曲，有的念《汉书》，有的是要往中国去，所以先来学几句话，有的是已在中国住过十年八年而想深造……总而言之，他们学的功课不同，程度不同，上课的时间不同，所要的教师也不同。这样，一个人一班，教授与两个讲师便一天忙到晚了。这些学生中最小的一个才十二岁。

---

[1] 老舍虽然是讲师，却做了许多教授资格的事——制唱片、编教材等。还主讲《唐代爱情小说》讲座，且研究独特精辟，有很高的理论价值。

因此，教授与讲师都没法开一定的课程，而是兵来将挡，学生要学什么，他们就得教什么；学院当局最怕教师们说“这我可教不了”。于是，教授与讲师就很不易当。还拿中国语文系说吧，有一回，一个英国医生要求教他点中国医学。我不肯教，教授也瞪了眼。结果呢，还是由教授和他对付了一个学期。我很佩服教授这点对付劲儿；我也准知道，假若他不肯敷衍这个医生，大概院长那儿就更难对付。由这一点来说，我很喜欢这个学院的办法，来者不拒，一人一班，完全听学生的。不过，要这样办，教员可得真多，一系里只有两三个人，而想使个个学生满意，是作不到的。

成班上课的也有：军人与银行里的练习生。军人有时候一来就是一拨儿，这一拨儿分成几组，三个学中文，两个学日文，四个学土耳其文……既是同时来的，所以可以成班。这是最好的学生。他们都是小军官，又差不多都是世家出身，所以很有规矩，而且很用功。他们学会了一种语言，不管用得着与否，只要考试及格，在饷银上就有好处。据说会一种语言的可以每年多关一百镑钱。他们在英国学一年中文，然后就可以派到中国来。到了中国，他们继续用功，而后回到英国受试验，试验及格便加薪俸了。我帮助考过他们，考题很不容易，言语，要能和中国人说话；文字，要能读大报纸上的社会论与新闻，和能将中国的操典与公文译成英文。学中文的如是，学别种语文的也如是。厉害！英国的秘密侦探是著名的，军队中就有这么多，这么好的人才呀：和哪一国交战，他们就有会哪一国言语文字的军官。我认得一个年轻的军官，他已考及格过四种言语的初级试验，才二十三岁！想打倒帝国主义么，啊，得先充实自己的学问与知识，否则喊哑了嗓子只有自己难受而已。

最坏的学生是银行的练习生们。这些都是中等人家的子弟——不然也进不到银行去——可是没有军人那样的规矩与纪律，他们来学语言，只为马马虎虎混个资格，考试一过，马上就把“你有钱，我吃饭”忘掉。考试及格，他们就有被调用到东方来的希望，只是希望，并不保准。即使真被派遣到东方来，如新加坡，香港，上海等处，他们早知道满可以不说一句东方语言而把事全办了。他们是来到这个学院预备资格，不是预备言语，所以不好好的学习。教员们都不喜欢教他们，他们也看不起教员，特别是外国教员。没有比英国中等人家的二十上下岁的少年再讨厌的了，他们有英国人一切的讨厌，而英国人所有的好处他们还没有学到，因为他们是正在刚要由孩子变成大人的时候，所以比大人更讨厌。

班次这么多，功课这么复杂，不能不算是累活了。可是有一样好处；他们排功课表总设法使每个教员空闲半天。星期六下午照例没有课，再加上每周当中休息半天，合起来每一星期就有两天的休息。再说呢，一年分为三学期，每学期只上十个星期的课，一年倒可以有五个月的假日，还算不坏。不过，假期中可还有学生愿意上课；学生愿意，先生自然也得愿意，所以我不能在假期中一气离开伦敦许多天。这可也有好处，假期中上课，学费便归先生要。

学院里有个很不错的图书馆，专藏关于东方学术的书籍，楼上还有些中国书。学生在上课前，下课后，不是在休息室里，便是到图书馆去，因为此外别无去处。这里没有运动场等等的设备，学生们只好到图书馆去看书，或在休息室里吸烟，没别的事可作。学生既多数的是一人一班，而且上课的时间不同，所以不会有什么团体与运动。每一学期至多也不过有一次茶话会而已。这个会总是在图书馆里开，全校的人都被约请。没有演说，没有任何仪式，只有茶点，随意的吃。在开这个会的时候，学生才有彼此接谈的机会，老幼男女聚在一处，一边吃茶一边谈话。这才看出来，学生并不少；平日一个人一班，此刻才看到成群的学生。

假期内，学院里清静极了，只有图书馆还开着，读书的人可也并不甚多。我的《老张的哲学》、《赵子曰》与《二马》，大部分是在这里写的，因为这里清静啊。那时候，学院是在伦敦城里。四外有好几个火车站，按说必定很乱，可是在学院里并听不到什么声音。图书馆靠街，可是正对着一块空地，有些花木，像个小公园。读完了书，到这个小公园去坐一下，倒也方便。现在，据说这个学院已搬到大学里去，图书馆与课室——一个友人来信这么说——相距很远，所以馆里更清静了。哼，希望多咱有机会再到伦敦去，再在这图书馆里写上两本小说！

· 写小说 ·

二十七岁出国。为学英文，所以念小说，可是还没想起来写作。到异乡的新鲜劲儿渐渐消失，半年后开始感觉寂寞，也就常常想家。从十四岁就不住在家里，此处所谓“想家”实在是想在国内所知道的一切。那些事既都是过去的，想起来便像一些图画，大概那色彩不甚浓厚的根本就想不起来了。这些图画常在心中来往，每每在读小说的时候使我忘了读的是什么，而呆呆的忆及自己的过去。小说中是些图画，记忆中也是些图画，为什么不可以把自己的图画用文字画下来呢？我想拿笔了。

《老张的哲学》

但是，在拿笔以前，我总得有些画稿子呀。那时候我还不知道世上有小说作法这类的书，怎办呢？对中国的小说我读过唐人小说和《儒林外史》什么的，对外国小说我才念了不多，而且是东一本西一本，有的是名家的著作，有的是女招待嫁皇太子的梦话。后来居上，新读过的自然有更大的势力，我决定不取中国小说的形式，可是对外国小说我知道的并不多，想选择也无从选择起。好吧，随便写吧，管它像样不像样，反正我又不想发表。况且呢，我刚读了 *Nicholas Nickleby*（《尼考拉斯·尼柯尔贝》）和 *Pick-wick Papers*（《匹克威克外传》）等杂乱无章的作品，更足以使我大胆放野；写就好，管它什么。这就决定了那想起便使我害羞的《老张的哲学》的形式。

形式是这样决定的；内容呢，在人物与事实上我想起什么就写什么，简直没有个中心；浮在记忆上的那些有色彩的人与事都随手取来，没等把它们安置好，又去另拉一批，人挤着人，事挨着事，全喘不过气来。这一本中的人与事，假如搁在今天写，实在够写十本的。

在思想上，那时候我觉得自己很高明，所以毫不客气的叫作“哲学”。哲学！现在我认明白了自己；假如我有点长处的话，必定不在思想上。我的感情老走在理智前面，我能是个热心的朋友，而不能给人以高明的建议。感情使我的心跳得快，因而不加思索便把最普通的、浮浅的见解拿过来，作为我判断一切的准则。在一方面，这使我的笔下常常带些感情；在另一方面，我的见解总是平凡。

假若我专靠着感情，也许我能写出有相当伟大的悲剧，可是我不彻底；我一方面用感情咂摸世事的滋味，一方面我又管束着感情，不完全以自己的爱憎判断。这种矛盾是出于我个人的性格与环境。我自幼便是个穷人，在性格上又深受我母亲的影响——她是个楞挨饿也不肯求人的，同时对别人又是很义气的女人。穷，使我好骂世；刚强，使我容易以个人的感情与主张去判断别人；义气，使我对别人有点同情心。有了这点分析，就很容易明白为什么我要笑骂，而又不赶尽杀绝。我失了讽刺，而得到幽默。据说，幽默中是有同情的。我恨坏人，可是坏人也有好处；我爱好人，而好人也有缺点。“穷人的狡猾也是正义”，还是我近来的发现；在十年前我只知道一半恨一半笑的去看世界。

有人说，《老张的哲学》并不幽默，而是讨厌。我不完全承认，也不完全否认这个。有的人天生的不懂幽默；一个人一个脾气，无须再说什么。有的人急于救世救国救文学，痛恨幽默；这是师出有名，除了太专制一些，尚无大毛病。不过这两种人说我讨厌，我不便为自己辩护，可也不便马上抽自己几个嘴巴。有的人理会得幽默，而觉得我太过火，以至于讨厌。我承认这个。前面说过了，我初写小说，只为写着玩玩，并不懂何为技巧，哪叫控制。我信口开河，抓住一点，死不放手，夸大了还要夸大，而且津津自喜，以为自己的笔下跳脱畅肆。讨厌？当然的。

大概最讨厌的地方是那半白半文的文字。以文字耍俏本来是最容易流于耍贫嘴的，可是这个诱惑不易躲避；一个局面或事实可笑，自然而然在描写的时候便顺手加上了招笑的文字，以助成那夸张的陈述。适可而止；好不容易。

写成此书，大概费了一年的工夫。闲着就写点，有事便把它放在一旁，所以溜溜拉拉的延长到一年；若是一气写下，本来不需要这么多的时间。写的时候是用三个便士一本的作文簿，钢笔横书，写得不甚整齐。这些小事足以证明我没有大吹大擂的通电全国——我在著作；还是那句话，我只是写着玩。写完了，许地山兄来到伦敦；一块儿谈得没有什么好题目了，我就掏出小本给他念两段。他没给我什么批评，只顾了笑。后来，他说寄到国内去吧。我倒还没有这个勇气；即使寄去，也得先修改一下。可是他既不告诉我哪点应当改正，我自然闻不见自己的脚臭；于是马马虎虎就寄给了郑西谛兄——并没挂号，就那么卷了一卷扔在邮局。两三个月后，《小说月报》居然把它登载出来。我到中国饭馆吃了顿“杂碎”，作为犒赏三军。

《赵子曰》

我只知道《老张的哲学》在《小说月报》上发表了，和登完之后由文学研究会出单行本。自己的作品用铅字印出来总是件快事，我自然也觉得高兴。《赵子曰》便是这点高兴的结果。我知道“老张”很可笑，很生动；好了，照样再写一本就是了。于是我就开始写《赵子曰》。

材料自然得换一换：“老张”是讲些中年人们，那么这次该换些年轻的了。写法可是不用改，把心中记得的人与事编排到一处就行。“老张”是揭发社会上那些我所知道的人与事，“老赵”是描写一群学生。不管是谁与什么吧，反正要写得好笑好玩；一回吃出甜头，当然想再吃；所以这两本东西是同窝的一对小动物。

可是，这并不完全正确。怎么说呢？“老张”中的人多半是我亲眼看见的，其中的事多半是我亲身参加过的；因此，书中的人与事才那么拥挤纷乱；专凭想象是不会来得这么方便的。这自然不是说，此书中的人物都可以一一的指出，"老张"是谁谁，"老李"是某某。不，绝不是！所谓"真"，不过是大致的说，人与事都有个影子，而不是与我所写的完全一样。它是我记忆中的一个百货店，换了东家与字号，即使还卖那些旧货，也另经摆列过了。其中顶坏的角色也许长得像我所最敬爱的人；就是叫我自己去分析，恐怕也没法作到一个萝卜一个坑儿。不论怎样吧，为省事起见，我们暂且笼统的说"老张"中的人与事多半是真实的。赶到写《赵子曰》的时节，本想还照方抓一剂，可是材料并不这么方便了。所以只换换材料的话不完全正确。这就是说：在动机上相同，而在执行时因事实的困难使它们不一样了。

在写"老张"以前，我已作过六年事，接触的多半是与我年岁相同的中年人。我虽没想到去写小说，可是时机一到，这六年中的经验自然是极有用的。这成全了"老张"，但委屈了《赵子曰》，因为我在一方面离开学生生活已六七年，而在另一方面这六七年中的学生已和我作学生时候的情形大不相同了，即使我还清楚地记得自己的学校生活也无补于事。我在"招待学员"的公寓里住过，我也极同情于学生们的热烈与活动，可是我不能完全把自己当作个学生，于是我在解放与自由的声浪中，在严重而混乱的场面中，找到了笑料，看出了缝子。在今天想起来，我之立在"五四"运动外面使我的思想吃了极大的亏，《赵子曰》便是个明证，它不鼓舞，而在轻搔新人物的痒痒肉！

有了这点说明，就晓得这两本书的所以不同了。"老张"中事实多，想象少；《赵子曰》中想象多，事实少。"老张"中纵有极讨厌的地方，究竟是与真实相距不远；有时候把一件很好的事描写得不堪，那多半是文字的毛病；文字把我拉了走，我收不住脚。至于《赵子曰》，简直没多少事实，而只有些可笑的体态，像些滑稽舞。小学生看了能跳着脚笑，它的长处止于此！我并不是幽默完又后悔；真的，真正的幽默确不是这样，现在我知道了，虽然还是眼高手低。

此中的人物只有一两位有个真的影子，多数的是临时想起来的；好的坏的都是理想的，而且是个中年人的理想，虽然我那时候还未到三十岁，我自幼贫穷，作事又很早，我的理想永远不和目前的事实相距很远，假如使我设想一个地上乐园，大概也和那初民的满地流蜜，河里都是鲜鱼的梦差不多。穷人的空想大概离不开肉馅馒头，我就是如此。明乎此，才能明白我为什么有说有笑，好讽刺而并没有绝高的见解。因为穷，所以作事早；作事早，碰的钉子就特别的多；不久，就成了中年人的样子。不应当如此，但事实上已经如此，除了酸笑还有什么办法呢？！

前面已经提过，在立意上，《赵子曰》与“老张”是鲁卫之政，所以《赵子曰》的文字还是——往好里说——很挺拔利落。往坏里说呢，“老张”所有的讨厌，“老赵”一点也没减少。可是，在结构上，从《赵子曰》起，一步一步的确是有了进步，因为我读的东西多了。《赵子曰》已比“老张”显着紧凑了许多。

这本书里只有一个女角，而且始终没露面。我怕写女人；平常日子见着女人也老觉得拘束。在我读书的时候，男女还不能同校；在我作事的时候，终日与些中年人在一处，自然要假装出稳重。我没机会交女友，也似乎以此为荣。在后来的作品中虽然有女角，大概都是我心中想出来的，而加上一些我所看到的女人的举动与姿态；设若有人问我：女子真是这样么？我没法不摇头，假如我不愿撒谎的话。《赵子曰》中的女子没露面，是我最诚实的地方。

这本书仍然是用极贱的“练习簿”写的，也经过差不多一年的工夫。写完，我交给宁恩承兄先读一遍，看看有什么错儿；他笑得把盐当作了糖，放到茶里，在吃早饭的时候。

《二马》

《二马》是我在国外的末一部作品：从“作”的方面说，已经有了些经验；从“读”的方面说，我不但读得多了，而且认识了英国当代作家的著作。心理分析与描写工细是当代文艺的特色；读了它们，不会不使我感到自己的粗劣，我开始决定往“细”里写。

《二马》中的细腻处是在《老张的哲学》与《赵子曰》里找不到的，“张”与“赵”中的泼辣恣肆处从《二马》以后可是也不多见了。人的思想不必一定随着年纪而往稳健里走，可是文字的风格差不多是“晚节渐于诗律细”的。读与作的经验增多，形式之美自然在心中添了分量，不管个人愿意这样与否。

《二马》在一开首便把故事最后的一幕提出来，就是这“求细”的证明：先有了结局，自然是对故事的全盘设计已有了个大概，不能再信口开河。可是这还不十分正确；我不仅打算细写，而且要非常的细，要像康拉德那样把故事看成一个球，从任何地方起始它总会滚动的。我本打算把故事的中段放在最前面，而后倒转回来补讲前文，而后再由这里接下去讲——讲马威逃走以后的事。这样，篇首的两节，现在看起来是像尾巴，在原来的计划中本是“腰眼儿”。为什么把腰眼儿变成了尾巴呢？有两个原因：第一个是我到底不能完全把幽默放下，而另换一个风格，于是由心理的分析又走入姿态上的取笑，笑出以后便没法再使文章萦回跌宕；无论是尾巴吧，还是腰眼吧，放在前面乃全无意义！第二个是时间上的关系：我应在一九二九年的六月离开英国，在动身以前必须把这本书写完寄出来，以免心中老存着块病。时候到了，我只写了那么多，马威逃走以后的事无论如何也赶不出来了，于是一狠心，就把腰眼当作了尾巴，硬行结束。那么，《二马》只是比较的“细”，并非和我的理想一致；到如今我还是没写出一部真正细腻的东西，这或者是天才的限制，没法勉强吧。

在文字上可是稍稍有了些变动。这不能不感激亡友白涤洲——他死去快一年了！已经说过，我在“老张”与《赵子曰》里往往把文言与白话夹裹在一处；文字不一致多少能帮助一些矛盾气，好使人发笑。涤洲是头一个指出这一个毛病，而且劝我不要这样讨巧。我当时还不以为然，我写信给他，说我这是想把文言溶解在白话里，以提高白话，使白话成为雅俗共赏的东西。可是不久我就明白过来，利用文言多少是有点偷懒；把文言与白话中容易用的，现成的，都拿过来，而毫不费力的作成公众讲演稿子一类的东西，不是偷懒么？所谓文艺创作不是兼思想与文字二者而言么？那么，在文字方面就必须努力，作出一种简单的，有力的，可读的，而且美好的文章，才算本事。在《二马》中我开始试验这个。请看看那些风景的描写就可以明白了。《红楼梦》的言语是多么漂亮，可是一提到风景便立刻改腔换调而有诗为证了；我试试看；一个洋车夫用自己的言语能否形容一个晚晴或雪景呢？假如他不能的话，让我代他来试试。什么“潺浮”咧，“凄凉”咧，“幽径”咧，“萧条”咧……我都不用，而用顶俗浅的字另想主意。设若我能这样形容得出呢，那就是本事，反之则宁可不去描写。这样描写出来，才是真觉得了物境之美而由心中说出；用文言拼凑只是修辞而已。论味道，英国菜——就是所谓英法大菜的菜——可以算天下最难吃的了；什么几乎都是白水煮或楞烧。可是英国人有个说法——记得好像 George Gissing（乔治·吉辛）也这么说过——英国人烹调术的主旨是不假其他材料的帮助，而是把肉与蔬菜的原味，真正的香味，烧出来。我以为，用白话著作倒须用这个方法，把白话的真正香味烧出来；文言中的现成字与辞虽一时无法一概弃斥，可是用在白话文里究竟是有些像酱油与味之素什么的；放上去能使菜的色味俱佳，但不是真正的原味儿。

在材料方面，不用说，是我在国外四五年中慢慢积蓄下来的。可是像故事中那些人与事全是想象的，几乎没有一个人一件事曾在伦敦见过或发生过。写这本东西的动机不是由于某人某事的值得一写，而是在比较中国人与英国人的不同处，所以一切人差不多都代表着什么；我不能完全忽略了他们的个性，可是我更注意他们所代表的民族性。因此，《二马》除了在文字上是没有多大的成功的。其中的人与事是对我所要比较的那点负责，而比较根本是种类似报告的东西。自然，报告能够新颖可喜，假若读者不晓得这些事；但它的取巧处只是这一点，它缺乏文艺的伟大与永久性，至好也不过是一种还不讨厌的报章文学而已。比较是件容易作的事，连个小孩也能看出洋人鼻子高，头发黄；因此也就很难不浮浅。注意在比较，便不能不多取些表面上的差异作资料，而由这些资料里提出判断。脸黄的就是野蛮，与头发卷着的便文明，都是很容易说出而且说着怪高兴的；越是在北平住过一半天的越敢给北平下考语，许多污辱中国的电影，戏剧，与小说，差不多都是仅就表面的观察而后加以主观的判断。《二马》虽然没这样坏，可是究竟也算上了这个当。

老马代表老一派的中国人，小马代表晚一辈的，谁也能看出这个来。老马的描写有相当的成功：虽然他只代表了一种中国人，可是到底他是我所最熟识的；他不能普遍的代表老一辈的中国人，但我最熟识的老人确是他那个样子。他不好，也不怎么坏；他对过去的文化负责，所以自尊自傲，对将来他茫然，所以无从努力，也不想努力。他的希望是老年的舒服与有所依靠；若没有自己的子孙，世界是非常孤寂冷酷的。他背后有几千年的文化，面前只有个儿子。他不大爱思想，因为事事已有了准则。这使他很可爱，也很可恨；很安详，也很无聊。至于小马，我又失败了。前者我已经说过，五四运动时我是个旁观者；在写《二马》的时节，正赶上革命军北伐，我又远远的立在一旁，没机会参加。这两个大运动，我都立在外面，实在没有资格去描写比我小十岁的青年。我们在伦敦的一些朋友天天用针插在地图上：革命军前进了，我们狂喜；退却了，懊丧。虽然如此，我们的消息只来自新闻报，我们没亲眼看见血与肉的牺牲，没有听见枪炮的响声。更不明白的是国内青年们的思想。那时在国外读书的，身处异域。自然极爱祖国；再加上看着外国国民如何对国家的事尽职责，也自然使自己想作个好国民，好像一个中国人能像英国人那样作国民便是最高的理想了。个人的私事，如恋爱，如孝悌，都可以不管，自要能有益于国家，什么都可以放在一旁。这就是马威所要代表的。比这再高一点的理想，我还没想到过。先不用管这个理想高明不高明吧，马威反正是这个理想的产儿。他是个空的，一点也不像个活人。他还有缺点，不尽合我的理想，于是另请出一位李子荣来作补充；所以李子荣更没劲！

对于英国人，我连半个有人性的也没写出来。他们的褊狭的爱国主义决定了他们的罪案，他们所表现的都是偏见与讨厌，没有别的。自然，猛一看过去，他们确是有这种讨厌而不自觉的地方，可是稍微再细看一看，他们到底还不这么狭小。我专注意了他们与国家的关系，而忽略了他们其他的部分。幸而我是用幽默的口气述说他们，不然他们简直是群可怜的半疯子了。幽默宽恕了他们，正如宽恕了马家父子，把褊狭与浮浅消解在笑声中，万幸！

最危险的地方是那些恋爱的穿插，它们极容易使《二马》成为《留东外史》一类的东西。可是我在一动笔时就留着神，设法使这些地方都成为揭露人物性格与民族成见的机会，不准恋爱情节自由的展动。这是我很会办的事，在我的作品中差不多老是把恋爱作为副笔，而把另一些东西摆在正面。这个办法的好处是把我从三角四角恋爱小说中救出来，它的坏处是使我老不敢放胆写这个人生最大的问题——两性间的问题。我一方面在思想上失之平凡，另一方面又在题材上不敢摸这个禁果，所以我的作品即使在结构上文字上有可观，可是总走不上那伟大之路。三角恋爱永不失为好题目，写得好还是好。像我这样一碰即走，对打八卦拳倒许是好办法，对写小说它使我轻浮，激不起心灵的震颤。

这本书的写成也差不多费了一年的工夫。写几段，我便对朋友们去朗读，请他们批评，最多的时候是找祝仲谨兄去，他是北平人，自然更能听出句子的顺当与否，和字眼的是否妥当。全篇写完，我又托郦堃厚兄给看了一遍，他很细心的把错字都给挑出来。把它寄出去以后——仍是寄给《小说月报》——我便向伦敦说了“再见”。

新加坡

·巴黎与三等舱·

离开伦敦，我到大陆上玩了三个月，多半的时间是在巴黎。

钱在我手里，也不怎么，不会生根。我并不胡花，可是钱老出去的很快。据相面的说，我的指缝太宽，不易存财；到如今我还没法打倒这个讲章。在德法意等国跑了一圈，心里很舒服了，因为钱已花光。钱花光就不再计划什么事儿，所以心里舒服。幸而巴黎的朋友还拿着我几个钱，要不然哪，就离不了法国。这几个钱仅够买三等票到新加坡的。那也无法，到新加坡再讲吧。反正新加坡比马赛离家近些，就是这个主意。

上了船，袋里还剩了十几个佛郎，合华币大洋一元有余；多少不提，到底是现款。船上遇见了几位留法回家的“国留”——复杂着一点说，就是留法的中国学生。大家一见如故，不大会儿的工夫，大家都彼此明白了经济状况：最阔气的是位姓李的，有二十七个佛郎，比我阔着块把来钱。大家把钱凑在一处，很可以买瓶香槟酒，或两支不错的吕宋烟。我们既不想喝香槟或吸吕宋，连头发都决定不去剪剪，那么，我们到底不是赤手空拳，干吗不快活呢？大家很高兴，说得也投缘。有人提议：到上海可以组织个银行。他是学财政的。我没表示什么，因为我的船票只到新加坡；上海的事先不必操心。

船上还有两位印度学生，两位美国华侨少年，也都挺和气。两位印度学生穿得满讲究，也关心中国的事。在开船的第三天早晨，他俩打起来：一个弄了个黑眼圈，一个脸上挨了一鞋底。打架的原因，他俩分头向我们诉冤，是为一双袜子，也不知谁卖给谁，穿了（或者没穿）一天又不要了，于是打起架来。黑眼圈的除用湿手绢捂着眼，一天到晚嘟囔着：“在国里，我吐痰都不屑于吐在他身上！他脏了我的鞋底！”吃了鞋底的那位就对我们讲：“上了岸再说，揍他，勒死，用小刀子捅！”他俩不再和我们讨论中国的问题，我们也不问甘地怎样了。

那两位华侨少年中的一位是出来游历：由美国到欧洲大陆，而后到上海，再回家。他在柏林住了一天，在巴黎住了一天，他告诉我，都是停在旅馆里，没有出门。他怕引诱。柏林巴黎都是坏地方，没意思，他说。到了马赛，他丢了一只皮箱。那一位少年是干什么的，我不知道。他一天到晚想家。想家之外，便看法国姑娘，尔后告诉那位出来游历的：“她们都钓我呢！”

所谓“她们”，是七八个到安南或上海的法国舞女，最年轻的不过才三十多岁。三等舱的食堂永远被她们占据着。她们吸烟，吃饭，抡大腿，练习唱，都在这儿。领导的是个五十多岁的小干老头儿。脸像个干橘子。她们没事的时候也还光着大腿，有俩小军官时常和她们弄牌玩。

可是那位少年老说她们关心着他。

三等舱里不能算不热闹，舞女们一唱就唱两个多钟头。那个小干老头似乎没有夸奖她们的时候，差不多老对她们喊叫。可是她们也不在乎。她们唱或抡腿，我们就瞎扯，扯腻了便到甲板上过过风。我们的茶房是中国人，永远蹲在暗处，不留神便踩了他的脚。他卖一种黑玩艺，五个佛郎一小包，舞女们也有买的。

廿多天就这样过去：听唱，看大腿，瞎扯，吃饭。舱中老是这些人，外边老是那些水。没有一件新鲜事，大家的脸上眼看着往起长肉，好像一船受填时期的鸭子。坐船是件苦事，明知光阴怪可惜，可是没法不白白扔弃。书读不下去，海是看腻了，话也慢慢的少起来。我的心里还想着：到新加坡怎办呢?

· 国文教员 ·

就在那么心里悬虚的一天，到了新加坡。再想在船上吃，是不可能了，只好下去。雇上洋车，不，不应当说雇上，是坐上；此处的洋车夫是多数不识路的，即使识路，也听不懂我的话。坐上，用手一指，车夫便跑下去。我是想上商务印书馆。不记得街名，可是记得它是在条热闹街上；上欧洲去的时候曾经在此处玩过一天。洋车一直跑下去，我心里说：商务印书馆要是在这条街上等着我，便是开门见喜；它若不在这条街上，我便玩完。事情真凑巧，商务馆果然等着我呢。说不定还许是临时搬过来的。

这就好办了。进门就找经理。道过姓字名谁，马上问有什么工作没有。经理是包先生，人很客气，可是说事情不大易找。他叫我去看看南洋兄弟烟草公司的黄曼士先生——在地面上很熟，而且好交朋友。我去见黄先生，自然是先在商务馆吃了顿饭。黄先生也一时想不到事情，可是和我成了很好的朋友；我在新加坡，后来，常到他家去吃饭，也常一同出去玩。他是个很可爱的人。他家给他寄茶，总是龙井与香片两样，他不喜喝香片，便都归了我；所以在南洋我还有香片茶吃。不过，这都是后话。我还得去找事。不远就是中华书局，好，就是中华书局吧。经理徐采明先生至今还是我的好朋友。倒不在乎他给找着个事作，他的人可爱。见了他，我说明来意。他说有办法。马上领我到华侨中学去。这个中学离街市至少有十多里，好在公众汽车（都是小而红的车，跑得飞快）方便，一会儿就到了。徐先生替我去吆喝。行了，他们正短个国文教员。马上搬来行李，上任大吉。有了事作，心才落了实，花两毛钱买了个大柚子吃吃。然后支了点钱，买了条毯子，因为夜间必须盖上的。买了身白衣裳，中不中，西不西，自有南洋风味。赊了部《辞源》；教书不同自己读书，字总得认清了——有好些好些字，我总以为认识而实在念不出。一夜睡得怪舒服；新《辞源》摆在桌上被老鼠啃坏，是美中不足。预备用皮鞋打老鼠，及至见了面，又不想多事了，老鼠的身量至少比《辞源》长，说不定还许是仙鼠呢，随它去吧。老鼠虽大，可并不多。许多是壁虎。到处是它们：棚上墙上玻璃杯里——敢情它们喜甜味，盛过汽水的杯子总有它们来照顾一下。它们还会唱，吱吱的，没什么好听，可也不十分讨厌。

天气是好的。早半天教书，很可以自自然然的，除非在堂上被学生问住，还不至于四脖子汗流的。吃过午饭就睡大觉，热便在暗中度过去。六点钟落太阳，晚饭后还可以作点工，壁虎在墙上唱着。夜间必须盖条毯子，可见是不热；比起南京的夏夜，这里简直是仙境了。我很得意，有薪水可拿，而夜间还可以盖毯子，美！况且还得冲凉呢，早午晚三次，在自来水龙头下，灌顶浇脊背，也是痛快事。

可是，住了不到几天，我发烧，身上起了小红点。平日我是很勇敢的，一病可就有点怕死。身上有小红点哟，这玩艺，瘀疹归心，不死才怪！把校医请来了，他给了我两包金鸡纳霜，告诉我离死还很远。吃了金鸡纳霜，睡在床上，既然离死很远，死我也不怕了，于是依旧勇敢起来。早晚在床上听着户外行人的足声，“心眼”里制构着美的图画：路的两旁杂生着椰树槟榔；海蓝的天空；穿白或黑的女郎，赤着脚，趿拉着木板，嗒嗒的走，也许看一眼树丛中那怒红的花。有诗意呀。矮而黑的锡兰人，头缠着花布，一边走一边唱。躺了三天，颇能领略这种浓绿的浪漫味儿，病也就好了。

一下雨就更好了。雨来得快，止得快，沙沙的一阵，天又响晴。路上湿了，树木绿到不能再绿。空气里有些凉而浓厚的树林子味儿，马上可以穿上夹衣。喝碗热咖啡顶那个。

学校也很好。学生们都会听国语，大多数也能讲得很好。他们差不多都很活泼，因为下课后便不大穿衣，身上就黑黑的，健康色儿。他们都很爱中国，愿意听激烈的主张与言语。他们是资本家（大小不同，反正非有俩钱不能入学读书）的子弟，可是他们愿打倒资本家。对于文学，他们也爱最新的，自己也办文艺刊物的，他们对先生们不大有礼貌，可不是故意的；他们爽直。先生们若能和他们以诚相见，他们便很听话。可惜有的先生爱耍些小花样！学生们不奢华。一身白衣便解决了衣的问题；穿西服受洋罪的倒是先生们，因为先生们多是江浙与华北的人，多少习染了上海的派头儿。吃也简单，除了爱吃刨冰，他们并不多花钱。天气使衣食住都简单化了。以住说吧，有个床，有条毯子，便可以过去。没毯子，盖点报纸，其实也可以将就。再有个自来水管，作冲凉之用，便万事亨通。还有呢，社会是个工商社会，大家不讲究穿，不讲究排场，也不讲究什么作诗买书，所以学生自然能俭朴。从一方面说，这个地方没有上海或北平那样的文化；从另一方面说，它也没有酸味的文化病。此地不能产生《儒林外史》。自然，大烟窑子等是有的，可是学生还不至于干这些事儿。倒是由内地来的先生们觉得苦闷，没有社会。事业都在广东福建人手里，当教员的没有地位，也打不进广东或福建人的圈里去。教员似乎是一些高等工人，雇来的；出钱办学的人们没有把他们放在心里。玩的地方也没有，除了电影，没有可看的。所以住到三个月，我就有点厌烦了。别人也这么说。还拿天气说吧，老那么好，老那么好，没有变化，没有春夏秋冬，这就使人生厌。况且别的事儿也是死板板的没变化呢。学生们爱玩球，爱音乐，倒能有事可作。先生们在休息的时候，只能弄点汽水闲谈。我开始写《小坡的生日》。

·《小坡的生日》·

本来我想写部以南洋为背景的小说。我要表扬中国人开发南洋的功绩：树是我们栽的，田是我们垦的，房是我们盖的，路是我们修的，矿是我们开的。都是我们作的。毒蛇猛兽，荒林恶瘴，我们都不怕。我们赤手空拳打出一座南洋来。我要写这个。我们伟大。是的，现在西洋人立在我们头上。可是，事业还仗着我们。我们在西人之下，其他民族之上。假如南洋是个糖烧饼，我们是那个糖馅。我们可上可下。自要努力使劲，我们只有往上，不会退下。没有了我们，便没有了南洋，这是事实，自自然然的事实。马来人什么也不干，只会懒。印度人也干不过我们。西洋人住上三四年就得回家休息，不然便支持不住。干活是我们，作买卖是我们，行医当律师也是我们。住十年，百年，一千年，都可以，什么样的天气我们也受得住，什么样的苦我们也能吃，什么样的工作我们有能力去干。说手有手，说脑子有脑子。我要写这么一本小说。这不是英雄崇拜，而是民族崇拜。所谓民族崇拜，不是说某某先生会穿西装，讲外国话，和懂得怎样给太太提着小伞。我是要说这几百年来，光脚到南洋的那些真正好汉。没钱，没国家保护，什么也没有。硬去干，而且真干出玩艺来。我要写这些真正的中国人，真有劲的中国人。中国是他们的，南洋也是他们的。那些会提小伞的先生们，屁！连我也算在里面。

可是，我写不出。打算写，得到各处去游历。我没钱，没工夫。广东话，福建话，马来话，我都不会。不懂的事还很多很多。不敢动笔。黄曼士先生没事就带我去看各种事儿，为是供给我点材料。可是以几个月的工夫打算抓住一个地方的味儿，不会。再说呢，我必须描写海，和中国人怎样在海上冒险。对于海的知识太少了；我生在北方，到二十多岁才看见了轮船。

得补上一些。在到新加坡以前我还写过一本东西呢。在大陆上写了些，在由马赛到新加坡的船上写了些，一共写了四万多字。到了新加坡，我决定抛弃了它，书名是《大概如此》。

为什么中止了呢？慢慢的讲吧。这本书和《二马》差不多，也是写在伦敦的中国人。内容可是没有《二马》那么复杂，只有一男一女。男的穷而好学，女的富而遭了难。穷男人救了富女的，自然喽跟着就得恋爱。男的是真落于情海中，女的只拿爱作为一种应酬与报答，结果把男的毁了。文字写得并不错，可是我不满意这个题旨。设若我还住在欧洲，这本书一定能写完。

打了个大大的折扣，我开始写《小坡的生日》。我爱小孩，我注意小孩子们的行动。在新加坡，我虽没工夫去看成人的活动，可是街上跑来跑去的小孩，各种各色的小孩，是有意思的，可以随时看到的。下课之后，立在门口，就可以看到一两个中国的或马来的小儿在林边或路畔玩耍。好吧，我以小人儿们作主人翁来写出我所知道的南洋吧——恐怕是最小最小的那个南洋吧！

上半天完全消费在上课与改卷子上。下半天太热，非四点以后不能作什么。我只能在晚饭后写一点。一边写一边得驱逐蚊子，而老鼠与壁虎的捣乱也使我心中不甚太平，况且在热带的晚间独抱一灯，低着头写字，更仿佛有点说不过去：屋外的虫声，林中吹来的湿而微甜的晚风，道路上印度人的歌声，妇女们木板鞋的轻响，都使人觉得应到外边草地上去，卧看星天，永远不动一动。这地方的情调是热与软，它使人从心中觉到不应当作什么。我呢，一气写出一千字已极不容易，得把外间的一切都忘了才能把笔放在纸上。这需要极大的注意与努力，结果，写一千来字已是筋疲力尽，好似打过一次交手仗。朋友们稍微点点头，我就放下笔，随他们去到林边的一间门面的茶馆去喝咖啡了。从开始写直到离开此地，至少有四个整月，我一共才写成四万字，没法儿再快。

写《小坡的生日》的动机是：表面的写点新加坡的风景什么的。还有：以儿童为主，表现着弱小民族的联合——这是个理想，在事实上大家并不联合，单说广东与福建人中间的成见与争斗便很厉害。这本书没有一个白小孩，故意的落掉。写了三个多月吧，得到五万来字；到上海又补了一万。

这本书中好的地方，据我自己看，是言语的简单与那些像童话的部分。它不完全是童话，因为前半截有好些写实处——本来是要描写点真事。这么一来，实的地方太实，虚的地方又很虚，结果是既不像童话，又非以儿童为主的故事，有点四不像了。设若有工夫删改，把写实的部分去掉，或者还能成个东西。可是我没有这个工夫。顶可笑的是在南洋各色小孩都讲着漂亮（确是漂亮）的北平话。

《小坡的生日》写到五万来字，放年假了。我很不愿离开新加坡，可是要走这是个好时候，学期之末，正好结束。在这个时节，又有去作别的事情的机会。若是这些事情中有能成功的，我自然可以辞去教职而仍不离开此地，为是可以多得些经验。可是这些事都没成功，因为有人从中破坏。这么一来，我就决定离开。我不愿意自己的事和别人捣乱争吵。我已离家六年，老母已七十多岁，常有信催我回家。在阳历二月底，我又上了船。

在上海写完了，就手儿便把它交给了西谛，还在《小说月报》发表。登完，单行本已打好底版，被“一·二八”的大火烧掉；所以才又交给生活书店印出来。

三十四岁结婚，今已有一女一男，均狡猾可喜。闲时喜养花，不得其法，每每有叶无花，亦不忍弃。书无所不读，全无所获，并不着急。教书作事，均甚认真，往往吃亏，亦不后悔。如是而已，再活四十年也许能有点出息！

第三章

壮岁

饱酸辛

济　南

·第二故乡·

在上海把《小坡的生日》交出，就跑回北平；住了三四个月，什么也没写。[1] 在我从国外回到北平的时候，我已经有了去作职业写家的心意；经好友们的谆谆劝告，我才就了齐鲁大学的教职。

从民国十九年七月到二十三年秋初，我整整的在济南住过四载。在那里，我有了第一个小孩，即起名为“济”。在那里，我交下不少的朋友：无论什么时候我从那里过，总有人笑脸地招呼我；无论我到何处去，那里总有人惦念着我。在那里，我写成了《大明湖》,《猫城记》,《离婚》,《牛天赐传》，和收在《赶集》里的那十几个短篇。在那里，我努力地创作，快活地休息……四年虽短，但是一气住下来，于是事

[1] 老舍寒假时，由罗常培介绍，与胡絜青恋爱。暑假时二人即结为连理，婚后半个月一起回济南。

与事的联系，人与人的交往，快乐与悲苦的代换，便显明地在这一生里自成一段落，深深地印划在心中；时短情长，济南就成了我的第二故乡。

美丽与败陋

它介乎北平与青岛之间。北平是我的故乡，可是这七年来，我不是住济南，便是住在青岛。在济南住呢，时常想念北平；及至到了北平的老家，便又不放心济南的新家。好在道路不远，来来往往，两地都有亲爱的人，熟悉的地方；它们都使我依依不舍，几乎分不出谁重谁轻。在青岛住呢，无论是由青去平，还是自平返青，中途总得经过济南。车到那里，不由的我便要停留一两天。趵突泉，大明湖，千佛山等名胜，闭了眼也曾想出来，可是重游一番总是高兴的：每一角落，似乎都存着一些生命的痕迹；每一小小的变迁，都引起一些感触；就是一风一雨也仿佛含着无限的情意似的。

讲富丽堂皇，济南远不及北平；讲山海之胜，也跟不上青岛。可是除了北平青岛，要在华北找个有山有水，交通方便，既不十分闭塞，而生活程度又不过高的城市，恐怕就得属济南了。况且，它虽是个大都市，可是还能看到朴素的乡民，一群群的来此卖货或买东西，不像上海与汉口那样完全洋化。它似乎真是稳立在中国的文化上，城墙并不足拦阻住城与乡的交往；以善作洋奴自夸的人物与神情，在这里是不易找到的。这使人心里觉得舒服一些。一个不以跳舞开香槟为理想的生活的人，到了这里自自然然会感到一些平淡而可爱的滋味。

济南的美丽来自天然，山在城南，湖在城北。湖山而外，还有七十二泉，泉水成溪，穿城绕郭。可惜这样的天然美景，和那座城市结合到一处，不但没得到人工的帮助而相得益彰，反而因市设的敷衍而淹没了丽质。大路上灰尘飞扬，小巷里污秽杂乱，虽然天色是那么清明，泉水是那么方便，可是到处老使人憋得慌。近来虽修成几条柏油路，也仍旧显不出怎么清洁来。至于那些名胜，趵突泉左右前后的建筑破烂不堪，大明湖的湖面已化作水田，只剩下几道水沟。有人说，这种种的败陋，并非因为当局不肯努力建设，而是因为他们爱民如子，不肯把老百姓的钱都花费在美化城市上。假若这是可靠的话，我们便应当看见老百姓的钱另有出路，在国防与民生上有所建设。这个，我们却没有看见。这笔账该当怎么算呢？况且，我们所要求的并不是高楼大厦，池园庭馆，而是城市应有的卫生与便利。假若在城市卫生上有相当的设施，到处注意秩序与清洁，这座城既有现成的山水取胜，自然就会美如画图，用不着浪费人工财力。

这倒并非专为山水喊冤，而是借以说明许多别的事。济南的多少事情都与此相似，本来可以略加调整便有可观，可是事实上竟废弛委弃，以至一切的事物上都罩着一层灰土。这层灰土下蠕蠕微动着一群可好可坏的人，隐覆着一些似有若无的事；不死不生，一切灰色。此处没有崭新的东西，也没有彻底旧的东西，本来可以令人爱护，可是又使人无法不伤心。什么事都在动作，什么可也没照着一定的计划作成。无所拒绝，也不甘心接受，不易见到有何主张的人，可也不易见到很讨厌的人，大家都那么和气一团，敷敷衍衍，不易捉摸，也没什么大了不起。有电灯而无光，有马路而拥挤不堪，什么都有，什么也都没有，恰似暮色微茫，灰灰的一片。

按理说，这层灰色是不应当存到今日的，因为五三惨案的血还鲜红的在马路上，城根下，假若有记性的人会闭目想一会儿。我初到济南那年，那被敌人击破的城楼还挂着“勿忘国耻”的破布条在那儿含羞的立着。不久，城楼拆去，国耻布条也被撤去，同被忘掉。拆去城楼本无不可，但是别无建设或者就是表示着忘去烦恼是为简便；结果呢，敌人今日就又在那里唱凯歌了。

在我写《大明湖》的时候，就写过一段：在千佛山上北望济南全城，城河带柳，远水生烟，鹊华对立，夹卫大河，是何等气象。可是市声隐隐，尘雾微茫，房贴着房，巷联着巷，全城笼罩在灰色之中。敌人已经在山巅投过重炮，轰过几昼夜了，以后还可以随时地重演一次；第一次的炮火既没能打破那灰色的大梦，那么总会有一天全城化为灰烬，冲天的红焰赶走了灰色，烧完了梦中人灰色的城，灰色的人，一切是统制，也就是因循，自己不干，不会干，而反倒把要干与会干的人的手捆起来；这是死城！此书的原稿已在上海随着一·二八的毒火殉了难，不过这一段有大意还没有忘掉，因为每次由市里到山上去，总会把市内所见的灰色景象带在心中，而后登高一望，自然会起了忧思。湖山是多么美呢，却始终被灰色笼罩着，谁能不由爱而畏，由失望而颤抖呢？

再说，破碎的城楼可以拆去，而敌人并未退出；眼不见心不烦，可是小鬼们就在眼前，怎能疏忽过去，视而不见呢？敌人的医院，公司，铺户，旅馆，分散在商埠各处。那一个买卖也带“白面”，即使不是专售，也多少要预备一些，余利作为妇女与小孩子们的零钱。大批的劣货垄断着市场，零整批发的吗啡白面毒化着市民，此外还不时的暗放传染病的毒菌，甚至于把他们国内穿残的破裤烂袄也整船的运来销卖。这够多么可怕呢？可是我们有目无睹，仍旧逍遥自在；等因奉此是唯一的公事，奉命唯谨落个好官，我自为之，别无可虑。人家以经济吸尽我们的血，我们只会加捐添税再抽断老百姓的筋。对外讲亲善，故无抵制；对内讲爱民，而以大家不出声为感戴。敌人的炮火是厉害的，敌人的经济侵略是毒辣的，可是我们的捆束百姓的政策就更可怕。济南是久已死去，美丽的湖山只好默然蒙羞了！

平日对敌人的经济侵略不加防范，还可以用有心无力或事关全国为词。及至敌军已深入河北，而大家依旧安闲自在，就太可怪了。山东的富力为江北各省之冠，人民既善于经营，又强壮耐苦。有这样的才力与人力，假若稍有准备，即使不能把全省防御得如铜墙铁壁至少也得教敌人吃很大的苦头，方能攻入。可是，济南是省会，既系灰色，别处就更无可说的了。济南为全省的脑府，而实际上只是空空的一个壳儿，并无脑子。这个空壳子响一响便是政治，四面低低的回应便算办了事情。计划、科学、文化、人才，都是些可疑的名词，因为它们不是那空壳子所能了解的。反之，随便响一响，从心所欲正好见出权威。济南是必须死的，而且必不可免的累及全省。

这里一点无意去攻击任何人；追悔不如更新，我们且揭过这一页去吧。

济南的秋冬

济南的秋天是诗境的。设若你的幻想中有个中古的老城，有睡着了的大城楼，有狭窄的古石路，有宽厚的石城墙，环城流着一道清溪，倒映着山影，岸上蹲着红袍绿裤的小妞儿。你的幻想中要是这么个境界，那便是个济南。设若你幻想不出——许多人是不会幻想的——请到济南来看看吧。

请你在秋天来。那城，那河，那古路，那山影，是终年给你预备着的。可是，加上济南的秋色，济南由古朴的画境转入静美的诗境中了。这个诗意秋光秋色是济南独有的。上帝把夏天的艺术赐给瑞士，把春天的赐给西湖，秋和冬的全赐给了济南。秋和冬是不好分开的，秋睡熟了一点便是冬，上帝不愿意把它忽然唤醒，所以作个整人情，连秋带冬全给了济南。

诗的境界中必须有山有水。那末，请看济南吧。那颜色不同，方向不同，高矮不同的山，在秋色中便越发的不同了。以颜色说吧，山腰中的松树是青黑的，加上秋阳的斜射，那片青黑便多出些比灰色深，比黑色浅的颜色，把旁边的黄草盖成一层灰中透黄的阴影。山脚是镶着各色条子的，一层层的，有的黄，有的灰，有的绿，有的似乎是藕荷色儿。山顶上的色儿也随着太阳的转移而不同。山顶的颜色不同还不重要，山腰中的颜色不同才真叫人想作几句诗。山腰中的颜色是永远在那儿变动，特别是在秋天，那阳光能够忽然清凉一会儿，忽然又温暖一会儿，这个变动并不激烈，可是山上的颜色觉得出这个变化，而立刻随着变换。忽然黄色更真了一些，忽然又暗了一些，忽然像有层看不见的薄雾在那儿流动，忽然像有股细风替“自然”调合着彩色，轻轻的抹上一层各色俱全而全是淡美的色道儿。有这样的山，再配上那蓝的天，晴暖的阳光；蓝得像要由蓝变绿了，可又没完全绿了；晴暖得要发燥了，可是有点凉风，正像诗一样的温柔；这便是济南的秋。况且因为颜色的不同，那山的高低也更显然了。高的更高了些，低的更低了些，山的棱角曲线在晴空中更真了，更分明了，更瘦硬了。看山顶上那个塔！

再看水。以量说，以质说，以形式说，哪儿的水能比济南？有泉——到处是泉——有河，有湖，这是由形式上分。不管是泉是河是湖，全是那么清，全是那么甜，哎呀，济南是“自然”的Sweet heart吧？大明湖夏日的莲花，城河的绿柳，自然是美好的了。可是看水，是要看秋水的。济南有秋山，又有秋水，这个秋才算个秋，因为秋神是在济南住家的。先不用说别的，只说水中的绿藻吧。那份儿绿色，除了上帝心中的绿色，恐怕没有别的东西能比拟的。这种鲜绿全借着水的清澄显露出来，好像美人借着镜子鉴赏自己的美。是的，这些绿藻是自己享受那水的甜美呢，不是为谁看的。它们知道它们那点绿的心事，它们终年在那儿吻着水皮，做着绿色的香梦。淘气的鸭子，用黄金的脚掌碰它们一两下。浣女的影儿，吻它们的绿叶一两下。只有这个，是它们的香甜的烦恼。羡慕死诗人呀！

在秋天，水和蓝天一样的清凉。天上微微有些白云，水上微微有些波皱。天水之间，全是清明，温暖的空气，带着一点桂花的香味。山影儿也更真了。秋山秋水虚幻的吻着。山儿不动，水儿微响。那中古的老城，带着这片秋色秋声，是济南，是诗。

对于一个在北平住惯的人，像我，冬天要是不刮大风，便是奇迹；济南的冬天是没有风声的。对于一个刚由伦敦回来的，像我，冬天要能看得见日光，便是怪事；济南的冬天是响晴的。自然，在热带的地方，日光是永远那么毒，响亮的天气反有点叫人害怕。可是，在北中国的冬天，而能有温晴的天气，济南真得算个宝地。

设若单单是有阳光，那也算不了出奇。请闭上眼想：一个老城，有山有水，全在蓝天下很暖和安适的睡着；只等春风来把他们唤醒，这是不是个理想的境界？

小山整把济南围了个圈儿，只有北边缺着点口儿，这一圈小山在冬天特别可爱，好像是把济南放在一个小摇篮里，它们全安静不动的低声的说：你们放心吧，这儿准保暖和。真的，济南的人们在冬天是面上含笑的。他们一看那些小山，心中便觉得有了着落，有了依靠。他们由天上看到山上，便不觉的想起：明天也许就是春天了吧？这样的温暖，今天夜里山草也许就绿起来吧？就是这点幻想不能一时实现，他们也并不着急，因为有这样的慈善的冬天，干啥还希望别的呢。

最妙的是下点小雪呀。看吧，山上的矮松越发的青黑，树尖上顶着一髻儿白花，像些小日本看护妇。山尖全白了，给蓝天镶上一道银边。山坡上有的地方雪厚点，有的地方草色还露着，这样，一道儿白，一道儿暗黄，给山们穿上一件带水纹的花衣；看着看着，这件花衣好像被风儿吹动，叫你希望看见一点更美的山的肌肤。等到快日落的时候，微黄的阳光斜射在山腰上，那点薄雪好像忽然害了羞，微微露出点粉色。就是下小雪吧，济南是受不住大雪的，那些小山太秀气。

古老的济南，城内那么狭窄，城外又那么宽敞，山坡上卧着些小村庄，小村庄的房顶上卧着点雪，对，这是张小水墨画，或者是唐代的名手画的吧。

那水呢，不但不结冰，反倒在绿藻上冒着点热气。水藻真绿，把终年贮蓄的绿色全拿出来了。天儿越晴，水藻越绿，就凭这些绿的精神，水也不忍得冰上；况且那长枝的垂柳还要在水里照个影儿呢。看吧，由澄清的河水慢慢往上看吧，空中，半空中，天上，自上而下全是那么清亮，那么蓝汪汪的，整个的是块空灵的蓝水晶。这块水晶里，包着红屋顶，黄草山，像地毯上的小团花的小灰色树影；这就是冬天的济南。

树虽然没有叶儿，鸟儿可并不偷懒，看在日光下张着翅叫的百灵们。山东人是百灵鸟的崇拜者，济南是百灵的国。家家处处听得到它们的歌唱；自然，小黄鸟儿也不少，而且在百灵国内也很努力的唱。还有山喜鹊呢，成群的在树上啼，扯着浅蓝的尾巴飞。树上虽没有叶，有这些羽翎装饰着，也倒有点像西洋美女。坐在河岸上，看着它们在空中飞，听着溪水活活的流，要睡了，这是有催眠力的；不信你就试试；睡吧，决冻不着你。

齐鲁大学

齐大在济南的南关外，空气自然比城里的新鲜，这已得到成个公园的最要条件。花木多，又有了成个公园的资格。确是有许多人到那里玩，意思是拿它当作——非正式的公园。

逛这个非正式的公园以夏天为最好。春天花多，秋天树叶美，但是只在夏天才有“景”，冬天没有什么特色。

当夏天，进了校门便看见一座绿楼，楼前一大片绿草地，楼的四围全是绿树，绿树的尖上浮着一两个山峰，因为绿树太密了，所以看不见树后的房子与山腰，使你猜不到绿荫后边还有什么；深密伟大，你不由的深吸一口气。绿楼？真的，“爬山虎”的深绿肥大的叶一层一层的把楼盖满，只露着几个白边的窗户；每阵小风，使那层层的绿叶掀动，横着竖着都动得有规律，一片竖立的绿浪。

往里走吧，沿着草地——草地边上不少的小蓝花呢——到了那绿荫深处。这里都是枫树，树下四条洁白的石凳，围着一片花池。花池里虽没有珍花异草，可是也有可观；况且往北有一条花径，全是小红玫瑰。花径的北端有两大片洋葵，深绿叶，浅红花；这两片花的后面又有一座楼，门前的白石阶栏像享受这片鲜花的神龛。楼的高处，从绿槐的密叶的间隙里看到，有一个大时辰钟。

往东西看，西边是一进校门便看见的那座楼的侧面与后面，与这座楼平行，花池东边还有一座；这两座楼的侧面山墙，也都是绿的。花径的南端是白石的礼堂，堂前开满了百日红，壁上也被绿蔓爬匀。那两座楼后，两大片草地，平坦，深绿，像张绿毯。这两块草地的南端，又有两座楼，四周围蔷薇作成短墙。设若你坐在石凳上，无论往哪边看，视线所及不是红花，便是绿叶；就是往上下看吧：下面是绿草，红花，与树影；上面是绿枫树叶，往平里看，有时从树隙花间看见女郎的一两把小白伞，有时看男人的白大衫。伞上衫上时时落上些绿的叶影。人不多，因为放暑假了。

拐过礼堂，你看见南面的群山，绿的。山前的田，绿的。一个绿海，山是那些高的绿浪。

礼堂的左右，东西两条绿径，树荫很密，几乎见不着阳光。顺着这绿径走，不论往西往东，你看见些小的楼房，每处有个小花园。园墙都是矮松做的。

春天的花多，特别是丁香和玫瑰，但是绿得不到家。秋天的红叶美，可是草变黄了。冬天树叶落净，在园中便看见了山的大部分，又欠深远的意味。只有夏天，一切颜色消沉在绿的中间，由地上一直绿到树上浮着的绿山峰，成功以绿为主色的一景。

到了齐大，暑假还未曾完。除了太阳要落的时候，校园里不见一个人影。那几条白石凳，上面有枫树给张着伞，便成了我的临时书房。手里拿着本书，并不见得念；念地上的树影，比读书还有趣。我看着：细碎的绿影，夹着些小黄圈，不定都是圆的，叶儿稀的地方，光也有时候透出七棱八角的一小块。小黑驴似的蚂蚁，单喜欢在这些光圈上慌手忙脚的来往过。那边的白石凳上，也印着细碎的绿影，还落着个小蓝蝴蝶，抿着翅儿，好像要睡。一点风儿，把绿影儿吹醉，散乱起来；小蓝蝶醒了懒懒的飞，似乎是作着梦飞呢；飞了不远，落下了，抱住黄蜀菊的蕊儿。看着，老大半天，小蝶儿又飞了，来了个楞头磕脑的马蜂。

真静。往南看，千佛山懒懒的倚着一些白云，一声不出。往北看，围子墙根有时过一两个小驴，微微有点铃声。往东西看，只看见楼墙上的爬山虎。叶儿微动，像竖起的两面绿浪。往下看，四下都是绿草。往上看，看见几个红的楼尖。全不动。绿的，红的，上上下下的，像一张画，颜色固定，可是越看越好看。只有办公处的大钟的针儿，偷偷的移动，好似唯恐怕叫光阴知道似的，那么偷偷的动，从树隙里偶尔看见一个小女孩，花衣裳特别花哨，突然把这一片静的景物全刺激了一下；花儿也是更红，叶儿也更绿了似的；好像她的花衣裳要带这一群颜色跳舞起来。小女孩看不见了，又安静起来。槐树上轻轻落下个豆瓣绿的小虫，在空中悬着，其余的全不动了。

园中就是缺少一点水呀！连小麻雀也似乎很关心这个，时常用小眼睛往四下找；假如园中，就是有一道小溪吧，那要多么出色，溪里再有些各色的鱼，有些荷花！那怕是有个喷水池呢，水声，和着枫叶的轻响，在石台上睡一刻钟，要作出什么有声有色有香味的梦！花木够了，只缺一点水。

短松墙觉得有点死板，好在发着一些松香；若是上面绕着些密罗松，开着些血红的小花，也许能减少一些死板气儿，园外的几行洋槐很体面，似乎缺少一些小白石凳。可是继而一想，没有石凳也好，校园的全景，就妙在只有花木，没有多少人工作的点缀，砖砌的花池咧，绿竹篱咧，全没有；这样，没有人的时候，才真像没有人，连一点人工经营的痕迹也看不出来；换句话说这才不俗气。

·《大明湖》·

到校后，忙着预备功课，也没工夫写什么。可是我每走在街上，看见西门与南门的炮眼，我便自然的想起“五三”惨案；我开始打听关于这件事的详情；不是那些报纸登载过的大事，而是实际上的屠杀与恐怖的情形。有好多人能供给我材料，有的人还保存着许多像片，也借给我看。半年以后，济南既被走熟，而“五三”的情形也知道了个大概，我就想写《大明湖》了。

《大明湖》里没有一句幽默的话，因为想着“五三”。可是“五三”并不是正题，而是个副笔。设若全书都是描写那次的屠杀，我便不易把别的事项插进去了，而我深怕笔力与材料都不够写那么硬的东西。我需要个别的故事，而把战争与流血到相当的时机加进去，既不干枯，又显着越写越火炽。我很费了些时间去安置那些人物与事实：前半的本身已像个故事，而这故事里已暗示出济南的危险。后半还继续写故事，可是遇上了“五三”，故事与这惨案一同紧张起来。在形式上，这本书有些可取的地方。

故事的进展还是以爱情为联系，这里所谓爱情可并不是三角恋爱那一套。痛快着一点来说，我写的是性欲问题。在女子方面，重要的人物是很穷的母女两个。母亲受着性欲与穷困的两重压迫，而扔下了女儿不再管。她交结过好几个男人，全没有所谓浪漫故事中的追求与迷恋，而是直截了当的讲肉与钱的获得。读书的青年男女好说自己如何苦闷，如何因失恋而想自杀，好像别人都没有这种问题，而只有他们自己的委屈很值钱似的。所以我故意的提出几个穷男女，说说他们的苦处与需求。在她所交结的几个男人中，有一个是非常精明而有思想的人。他虽不是故事中的主要人物，可是由他口中说出许多现在应当用 ×× 画出来的话语。这个女的最后跳了大明湖。她的女儿呢，没有人保护着，而且没有一个钱，也就走上她母亲所走的路——在《樱海集》所载的《月牙儿》便是这件事的变形。可是在《大明湖》里，这个孤苦的女儿到了也要跳湖的时候，被人救出而结了婚。救她的人是兄弟三个，老大老二是对双生的弟兄，也就是故事中的男主角。

在这一对男主角身上，爱情的穿插没有多少重要，主要的是在描写他俩的心理上的变动。他们是双生子，长得一样，而且极相爱，可是他们的性格极不相同，他们想尽方法去彼此明白与谅解，可是不能随心如意；他们到底有个自己，这个自己不会因爱心与努力而溶解在另一个自己里。他俩在外表上是一模一样，而在内心上是背道而驰。老大表现着理智的能力，老二表现着感情的热烈。一冷一热，而又不肯公然冲突。这象征着“学问呢，还是革命呢？”的不易决定。老大是理智的，可是被疾病征服的时候，在梦里似的与那个孤女发生了关系，结果非要她不可——大团圆。

可是这个大团圆是个悲剧的——假如这句话可以说得通——“五三”事件发生了，老三被杀。剩下老大老二，一个用脑，一个用心，领略着国破家亡的滋味。

由这点简要的述说可以看出来《大明湖》里实在包含着许多问题，在思想上似乎是有些进步。可是我并不满意这本作品，因为文字太老实。前面说过了：此书中没有一句幽默的话，而文字极其平淡无奇，念着很容易使人打盹儿。我是个爽快的人，当说起笑话来，我的想象便能充分的活动，随笔所至自自然然的就有趣味。教我哭丧着脸讲严重的问题与事件，我的心沉下去，我的话也不来了！

在暑假后把它写成，交给张西山兄看了一遍，还是寄给《小说月报》。因为刚登完了《小坡的生日》，所以西谛兄说留到过了年再登吧。过了年，稿子交到印工手里去，“一·二八”的火把它烧成了灰。没留副稿。我向来不留副稿。想好就写，写完一大段，看看，如要不得，便扯了另写；如能要，便只略修改几个字，不作更大的更动。所以我的稿子多数是写得很清楚。我雇不起书记给另抄一遍，也不愿旁人代写。稿子既须自己写，所以无论故事多么长，总是全篇写完才敢寄出去，没胆子写一点发表一点。全篇寄出去，所以要烧也就都烧完；好在还痛快！

有好几位朋友劝我再写《大明湖》，我打不起精神来。创作的那点快乐不能在默写中找到。再说呢，我实在不甚满意它，何必再写。况且现在写出，必须用许多 ×× 与……，更犯不着了。

到济南后，自己印了稿纸，张大格大，一张可写九百多字。用新稿纸写的第一部小说就遭了火劫，总算走“红”运！

·《猫城记》·

自《老张的哲学》到《大明湖》，都是交《小说月报》发表，而后由商务印书馆印单行本。《大明湖》的稿子烧掉，《小坡的生日》的底版也殉了难；后者，经过许多日子，转让给生活书店承印。《小说月报》停刊。施蛰存兄主编的《现代》杂志为沪战后唯一的有起色的文艺月刊，他约我写个“长篇”，我答应下来；这是我给别的刊物——不是《小说月报》了——写稿子的开始。这次写的是《猫城记》。登完以后，由现代书局出书，这是我在别家书店——不是“商务”了——印书的开始。

《猫城记》，据我自己看，是本失败的作品。它毫不留情地揭显出我有块多么平凡的脑子。写到了一半，我就想收兵，可是事实不允许我这样作，硬把它凑完了！有人说，这本书不幽默，所以值得叫好，正如梅兰芳反串小生那样值得叫好。其实这只是因为讨厌了我的幽默，而不是这本书有何好处。吃厌了馒头，偶尔来碗粗米饭也觉得很香，并非是真香。说真的，《猫城记》根本应当幽默，因为它是篇讽刺文章；讽刺与幽默在分析时有显然的不同，但在应用上永远不能严格的分隔开。越是毒辣的讽刺，越当写得活动有趣，把假托的人与事全要精细的描写出，有声有色，有骨有肉，看起来头头是道，活像有此等人与此等事；把讽刺埋伏在这个底下，而后才文情并茂，骂人才骂到家。它不怕是写三寸丁的小人国，还是写酸臭的君子之邦，它得先把所凭借的寓言写活，而后才能仿佛把人与事玩之股掌之上，细细的创造出，而后捏着骨缝儿狠狠的骂，使人哭不得笑不得。它得活跃，灵动，玲珑，和幽默。必须幽默。不要幽默也成，那得有更厉害的文笔，与极聪明的脑子，一个巴掌一个红印，一个闪一个雷。我没有这样厉害的手与脑，而又舍去我较有把握的幽默，《猫城记》就没法不爬在地上，像只折了翅的鸟儿。

在思想上，我没有积极的主张与建议。这大概是多数讽刺文字的弱点，不过好的讽刺文字是能一刀见血，指出人间的毛病的：虽然缺乏对思想的领导，究竟能找出病根，而使热心治病的人知道该下什么药。我呢，既不能有积极的领导，又不能精到的搜出病根，所以只有讽刺的弱点，而没得到它的正当效用。我所思虑的就是普通一般人所思虑的，本用不着我说，因为大家都知道。眼前的坏现象是我最关切的；为什么有这种恶劣现象呢？我回答不出。跟一般人相同，我拿“人心不古”——虽然没用这四个字——来敷衍。这只是对人与事的一种惋惜，一种规劝；惋惜与规劝，是“阴骘文”的正当效用——其效用等于说废话。这连讽刺也够不上了。似是而非的主张，即使无补于事，也还能显出点讽刺家的聪明。我老老实实的谈常识，而美其名为讽刺，未免太荒唐了。把讽刺改为说教，越说便越腻得慌；敢去说教的人不是绝顶聪明的，便是傻瓜。我知道我不是顶聪明，也不肯承认是地道傻瓜；不过我既写了《猫城记》，也就没法不叫自己傻瓜了。

自然，我为什么要写这样一本不高明的东西也有些外来的原因。头一个就是对国事的失望，军事与外交种种的失败，使一个有些感情而没有多大见解的人，像我，容易由愤恨而失望。失望之后，这样的人想规劝，而规劝总是妇人之仁的。一个完全没有思想的人，能在粪堆上找到粮食；一个真有思想的人根本不将就这堆粪。只有半瓶子醋的人想维持这堆粪而去劝告苍蝇：“这儿不卫生！”我吃了亏，因为任着外来的刺激去支配我的“心”，而一时忘了我还有块“脑子”。我居然去劝告苍蝇了！

不错，一个没有什么思想的人，满能写出很不错的文章来；文学史上有许多这样的例子。可是，这样的专家，得有极大的写实本领，或是极大的情绪感诉能力。前者能将浮面的观感详实的写下来，虽然不像显微镜那么厉害，到底不失为好好的一面玻璃镜，映出个真的世界。后者能将普通的感触，强有力的道出，使人感动。可是我呢，我是写了篇讽刺。讽刺必须高超，而我不高超。讽刺要冷静，于是我不能大吹大擂，而扭扭捏捏。既未能悬起一面镜子，又不能向人心掷去炸弹，这就很可怜了。

失了讽刺而得到幽默，其实也还不错。讽刺与幽默虽然是不同的心态，可是都得有点聪明。运用这点聪明，即使不能高明，究竟能见出些性灵，至少是在文字上。我故意的禁止幽默，于是《猫城记》就一无可取了。《大明湖》失败在前，《猫城记》紧跟着又来了个第二次。朋友们常常劝我不要幽默了，我感谢，我也知道自己常因幽默而流于讨厌。可是经过这两次的失败，我才明白一条狗很难变成一只猫。我有时候很想努力改过，偶尔也能因努力而写出篇郑重、有点模样的东西。但是这种东西总缺乏自然的情趣，像描眉擦粉的小脚娘。让我信口开河，我的讨厌是无可否认的，可是我的天真可爱处也在里边，Aristophanes（阿里斯多芬）的撒野正自不可及；我不想高攀，但也不必因谦虚而抹杀事实。

自然，这两篇东西——《大明湖》与《猫城记》——也并非对我全无好处：它们给我以练习的机会，练习怎样老老实实的写述，怎样瞪着眼说谎而说得怪起劲。虽然它们的本身是失败了，可是经过一番失败总多少增长些经验。

《猫城记》的体裁，不用说，是讽刺文章最容易用而曾经被文人们用熟了的。用个猫或人去冒险或游历，看见什么写什么就好了。冒险者到月球上去，或到地狱里去，都没什么关系。他是个批评家，也许是个伤感的新闻记者。《猫城记》的探险者分明是后一流的，他不善于批评，而有不少浮浅的感慨；他的报告于是显着像赴宴而没吃饱的老太婆那样回到家中瞎唠叨。

我早就知道这个体裁。说也可笑，我所以必用猫城，而不用狗城者，倒完全出于一件家庭间的小事实——我刚刚抱来个黄白花的小猫。威尔思的 *The First Man in the Moon*（《月亮上的第一个人》），把月亮上的社会生活与蚂蚁的分工合作相较，显然是有意的指出人类文明的另一途径。我的猫人之所以为猫人却出于偶然。设若那天我是抱来一只兔，大概猫人就变成兔人了；虽然猫人与兔人必是同样糟糕的。

猫人的糟糕是无可否认的。我之揭露他们的坏处原是出于爱他们也是无可否认的。可惜我没给他们想出办法来。我也糟糕！可是，我必须说出来：即使我给猫人出了最高明的主意，他们一定会把这个主意弄成个五光十色的大笑话；猫人的糊涂与聪明是相等的。我爱他们，惭愧！我到底只能讽刺他们了！况且呢，我和猫人相处了那么些日子，我深知道我若是直言无隐的攻击他们，而后再给他们出好主意，他们很会把我偷偷的弄死。我的怯懦正足以暗示出猫人的勇敢，何等的勇敢！算了吧，不必再说什么了！

·《离婚》·

也许这是个常有的经验吧：一个写家把他久想写的文章搁在心里，搁着，甚至于搁一辈子，而他所写出的那些便是偶然想到的。有好几个故事在我心里已存放了六七年，而始终没能写出来；我一点也不晓得它们有没有能够出世的那一天。反之，我临时想到的倒多半在白纸上落了黑字。在写《离婚》以前，心中并没有过任何可以发展到这样一个故事的"心核"，它几乎是忽然来到而马上成了个"样儿"的。在事前，我本来没打算写个长篇，当然用不着去想什么。邀我写个长篇与我临阵磨刀去想主意正是同样的仓促。是这么回事：《猫城记》在《现代》杂志登完，说好了是由良友公司放入《良友文学丛书》里。我自己知道这本书没有什么好处，觉得它还没资格入这个《丛书》。可是朋友们既愿意这么办，便随它去吧，我就答应了照办。及至事到临期，现代书局又愿意印它了，而良友扑了个空。于是良友的"十万火急"来到，立索一本代替《猫城记》的。我冒了汗！可是我硬着头皮答应下来；知道拚命与灵感是一样有劲的。

这我才开始打主意。在没想起任何事情之前，我先决定了：这次要“返归幽默”。《大明湖》与《猫城记》的双双失败使我不得不这么办。附带的也决定了，这回还得求救于北平。北平是我的老家，一想起这两个字就立刻有几百尺“故都景象”在心中开映。啊！我看见了北平，马上有了个“人”。我不认识他，可是在我二十岁至二十五岁之间我几乎天天看见他。他永远使我羡慕他的气度与服装，而且时时发现他的小小变化：这一天他提着条很讲究的手杖，那一天他骑上自行车——稳稳的溜着马路边儿，永远碰不了行人，也好似永远走不到目的地，太稳，稳得几乎像凡事在他身上都是一种生活趣味的展示。我不放手他了。这个便是“张大哥”。

叫他作什么呢？想来想去总在“人”的上面，我想出许多的人来。我得使“张大哥”统领着这一群人，这样才能走不了板，才不至于杂乱无章。他一定是个好媒人，我想；假如那些人又恰恰的害着通行的“苦闷病”呢？那就有了一切，而且是以各色人等揭显一件事的各种花样，我知道我捉住了个不错的东西。这与《猫城记》恰相反：《猫城记》是但丁的游“地狱”，看见什么说什么，不过是既没有但丁那样的诗人，又没有但丁那样的诗。《离婚》在决定人物时已打好主意：闹离婚的人才有资格入选。一向我写东西总是冒险式的，随写随着发现新事实；即使有时候有个中心思想，也往往因人物或事实的趣味而唱荒了腔。这回我下了决心要把人物都拴在一个木桩上。

这样想好，写便容易了。从暑假前大考的时候写起，到七月十五，我写得了十二万字。原定在八月十五交卷，居然能早了一个月，这是生平最痛快的一件事。天气非常的热——济南的热法是至少可以和南京比一比的——我每天早晨七点动手，写到九点；九点以后便连喘气也很费事了。平均每日写两千字。所余的大后半天是一部分用在睡觉上，一部分用在思索第二天该写的二千来字上。这样，到如今想起来，那个热天实在是最可喜的。能写入了迷是一种幸福，即使所写的一点也不高明。

在下笔之前，我已有了整个计划；写起来又能一气到底，没有间断，我的眼睛始终没离开我的手，当然写出来的能够整齐一致，不至于大嘟噜小块的。匀净是《离婚》的好处，假如没有别的可说的。我立意要它幽默，可是我这回把幽默看住了，不准它把我带了走。饶这么样，到底还有"滑"下去的地方，幽默这个东西——假如它是个东西——实在不易拿得稳，它似乎知道你不能老瞪着眼盯住它，它有机会就跑出去。可是从另一方面说呢，多数的幽默写家是免不了顺流而下以至野调无腔的。那么，要紧的似乎是这个：文艺，特别是幽默的，自要"底气"坚实，粗野一些倒不算什么。Dostoevsky（陀思妥耶夫斯基）的作品——还有许多这样伟大写家的作品——是很欠完整的，可是他的伟大处永不被这些缺欠遮蔽住。以今日中国文艺的情形来说，我倒希望有些顶硬顶粗莽顶不易消化的作品出来，粗野是一种力量，而精巧往往是种毛病。小脚是纤巧的美，也是种文化病，有了病的文化才承认这种不自然的现象，而且称之为美。文艺或者也如此。这么一想，我对《离婚》似乎又不能满意了，它太小巧，笑得带着点酸味！受过教育的与在生活上处处有些小讲究的人，因为生活安适平静，而且以为自己是风流蕴藉，往往提到幽默便立刻说：幽默是含着泪的微笑。其实据我看呢，微笑而且得含着泪正是"装蒜"之一种。哭就大哭，笑就狂笑，不但显出一点真挚的天性，就是在文学里也是很健康的。唯其不敢真哭真笑，所以才含泪微笑；也许这是件很难作到与很难表现的事，但不必就是非此不可。我真希望我能写出些震天响的笑声，使人们真痛快一番，虽然我一点也不反对哭声震天的东西。说真的，哭与笑原是一事的两头儿；而含泪微笑却两头儿都不站。《离婚》的笑声太弱了。写过了六七本十万字左右的东西，我才明白了一点何谓技巧与控制，可是技巧与控制不见得就会使文艺伟大。《离婚》有了技巧，有了控制；伟大，还差得远呢！文艺真不是容易作的东西。我说这个，一半是恨自己的藐小，一半也是自励。

·写短篇[1]·

我本来不大写短篇小说，因为不会。可是自从沪战后，刊物增多，各处找我写文章；既蒙赏脸，怎好不捧场？同时写几个长篇，自然是作不到的，于是由靠背戏改唱短打。这么一来，快信便接得更多：“既肯写短篇了，还有什么说的？写吧，伙计！三天的工夫还赶不出五千字来？少点也行啊！无论怎么着吧，赶一篇，要快！”话说得很“自己”，我也就不好意思，于是天昏地暗，胡扯一番；明知写得不成东西，还没法不硬着头皮干。

我在写长篇之前并没有写短篇的经验。我吃了亏。短篇想要见好，非拼命去作不可。长篇有偷手。写长篇，全篇中有几段好的，每段中有几句精彩的，便可以立得住。这自然不是理应如此，但事实上往往是这样；连读者仿佛对长篇——因为是长篇——也每每格外的原谅。世上允许很不完整的长篇存在，对短篇便不很客气。这样，我没有一点写短篇的经验，而硬写成五六本长的作品；从技巧上说，我的进步的迟慢是必然的。短篇小说是后起的文艺，最需要技巧，它差不多是仗着技巧而成为独立的一个体裁。可是我一上手便用长篇练习，很有点像练武的不习

[1] 老舍短篇小说的创作分抗战前和抗战中两阶段，艺术上相对成熟的分别为《樱海集》和《蛤藻集》。

“弹腿”而开始便举“双石头”，不被石头压坏便算好事；而且就是能够力举千斤也是没有什么用处的笨劲。这点领悟是我在写了些短篇后才得到的。

大家都要稿子，短篇自然方便一些。是的，“方便”一些，只是“方便”一些；这时候我还有点看不起短篇，以为短篇不值得一写，所以就写了《抱孙》等笑话。随便写些笑话就是短篇，我心里这么想。随便写笑话，有了工夫还是写长篇；这是我当时的计划。

《微神》与《黑白李》等篇都经过三次的修正；既不想再闹着玩，当然就得好好的干了。可是还有好些篇是一挥而就，乱七八糟的，因为真没工夫去修改。报酬少，少写不如多写；怕得罪朋友，有时候就得硬挤；这两桩决定了我的——也许还有别人——少而好不如多而坏的大批发卖。这不是政策，而是不得不如此。自己觉得很对不起文艺，可是钱与朋友也是不可得罪的。有一次有位姓王的编辑跟我要一篇东西，我随写随放弃，一共写了三万多字而始终没能成篇。为怕他不信，我把那些零块儿都给他寄去了。这并不是表明我对写作是怎样郑重，而是说有过这么一回，而且只能有这么“一”回。假如每回这样，不累死也早饿死了。累死还倒干脆而光荣，饿死可难受而不体面。每写五千字，设若，必扔掉三万字；而五千字只得二十元钱或更少一些，不饿死等什么呢？

《月牙儿》,《阳光》,《断魂枪》，与《新时代的旧悲剧》——并没有什么特别的好处。可我的态度变了。事实逼得我不能不把长篇的材料写作短篇了，这是事实，因为索稿子的日多，而材料不那么方便了，于是把心中留着的长篇材料拿出来救急。不用说，这么由批发而改为零卖是有点难过。可是及至把十万字的材料写成五千字的一个短篇——像《断魂枪》——难过反倒变成了觉悟。经验真是可宝贵的东西！觉悟是这个：用长材料写短篇并不吃亏，因为要从够写十几万字的事实中提出一段来，当然是提出那最好的一段。这就是楞吃仙桃一口，不吃烂杏一筐了。再说呢，长篇虽也有个中心思想，但因事实的复杂与人物的繁多，究竟在描写与穿插上是多方面的。假如由这许多方面之中挑选出一方面来写，当然显着紧凑精到。长篇的各方面中的任何一方面都能成个很好的短篇，而这各方面散布在长篇中就不易显出任何一方面的精彩。长篇要匀调，短篇要集中。拿《月牙儿》说吧，它本是《大明湖》中的一片段。《大明湖》被焚之后，我把其他的情节都毫不可惜的忘弃，可是忘不了这一段。这一段是，不用说，《大明湖》中最有意思的一段。但是，它在《大明湖》里并不像《月牙儿》这样整齐，因为它是夹在别的一堆事情里，不许它独当一面。由现在看来，我楞愿要《月牙儿》而不要《大明湖》了。不是因它是何等了不得的短篇，而是因它比在《大明湖》里“窝”着强。

《断魂枪》也是如此。它本是我所要写的“二拳师”中的一小块。“二拳师”是个——假如能写出来——武侠小说。我久想写它，可是谁知道写出来是什么样呢？写出来才算数，创作是不敢“预约”的。在《断魂枪》里，我表现了三个人，一桩事。这三个人与这一桩事是我由一大堆材料中选出来的，他们的一切都在我心中想过了许多回，所以他们都能立得住。那件事是我所要在长篇中表现的许多事实中之一，所以它很利落。拿这么一件小小的事，联系上三个人，所以全篇是从从容容的，不多不少正合适。这样，材料受了损失，而艺术占了便宜；五千字也许比十万字更好。文艺并非肥猪，块儿越大越好。有长时间的培养，把一件复杂的事翻过来掉过去的调动，人也熟了，事也熟了，而后抽出一节来写个短篇，就必定成功，因为一下笔就是地方，准确产出调匀之美。不过呢，十万字可以得到三五百元，而这五千字只得了十九块钱，这恐怕也就是不敢老和艺术亲热的原因吧。为艺术而牺牲是很好听的，可是饿死谁也是不应当的，为什么一定先叫作家饿死呢？我就不明白！

《新时代的旧悲剧》有许多的缺点。最大的缺点是有许多人物都见首不见尾，没有“下回分解”。毛病是在“中篇”。我本来是想拿它写长篇的，一经改成中篇，我没法不把精神集注在一个人身上，同时又不能不把次要的人物搬运出来，因为我得凑上三万多字。设若我把它改成短篇，也许倒没有这点毛病了。不过呢，陈老先生确是有个劲头；假如我真是写了长篇，我真不敢保他能这么硬梆。因此，我还是不后悔把长篇材料这样零卖出去，而反觉得武戏文唱是需要更大的本事的，其成就也绝非乱打乱闹可比。

·《牛天赐传》·

一九三四年，自从一入七月门，济南就热起，那年简直热得出奇；那就是我“避暑床下”的那一回。早晨一睁眼，屋里——是屋里——就九十多度！小孩拒绝吃奶，专门哭号；大人不肯吃饭，立志喝水！可是我得赶文章，昏昏忽忽，半睡半醒，左手挥扇与打苍蝇，右手握笔疾写，汗顺着指背流到纸上。写累了，想走一走，可不敢出去，院里的墙能把人身炙得像叉烧肉——那二十多天里，每天街上都热死行人！屋里到底强得多，忍着吧。自然，要是有个电扇，再有个冰箱，一定也能稍好一些。可是我的财力还离设置电扇与冰箱太远。一连十五天，我没敢出街门。要说在这个样的暑天里，能写出怪像回事儿的文章，我就有点不信。

《牛天赐传》是三月二十三日动笔的，可是直到七月四日才写成两万多字。三个多月的工夫只写了这么点点，原因是在学校到六月尾才能放暑假，没有充足的工夫天天接着写。在我的经验里，我觉得今天写十来个字，明天再写十来个字，碰巧了隔一个星期再写十来个字，是最要命的事。这是向诗神伸手乞要小钱，不是创作。

七月四日以后，写得快了；七月十九日已有了五万多字。忽然快起来，因为已放了暑假。八月十号，我的日记上记着："《牛天赐传》写完，匆匆赶出，无一是处！"

天气是那么热，心里还有不痛快的事呢。我在老早就想放弃教书匠的生活，到这一年我得到了辞职的机会。六月二十九日我下了决心，就不再管学校里的事。不久，朋友们知道了我这点决定，信来了不少。在上海的朋友劝我到上海去，爽性以写作为业。在别处教书的朋友呢，劝我还是多少教点书，并且热心的给介绍事。我心中有点乱，乱就不痛快。辞事容易找事难，机会似乎不可都错过了。另一方面呢，且硬试试职业写家的味儿，倒也合脾味。生活，创作，二者在心中大战三百几十回合。寸心已成战场，可还要假装没事似的写《牛天赐传》，动中有静，好不容易。结果，我拒绝了好几位朋友的善意，决定到上海去看看。八月十九日动了身。在动身以前，必须写完《牛天赐传》，不然心中就老存着块病。这又是非快写不可的促动力。

热，乱，慌，是我写《牛天赐传》时生活情形的最合适的三个形容字。这三个字似乎都与创作时所需要的条件不大相合。"牛天赐"产生的时候不对，八字根本不够格局！

此外，还另有些使它不高明的原因。第一个是文字上的限制。它是《论语》半月刊的特约长篇，所以必须幽默一些。幽默与伟大不是不能相容的，我不必为幽默而感到不安；《吉诃德先生传》等名著译成中文也并没招出什么“打倒”来。我的困难是每一期只要四五千字，既要顾到故事的连续，又须处处轻松招笑。为达到此目的，我只好抱住幽默死啃；不用说，死啃幽默总会有失去幽默的时候；到了幽默论斤卖的地步，讨厌是必不可免的。我的困难至此乃成为毛病。艺术作品最忌用不正当的手段取得效果，故意招笑与无病呻吟的罪过原是一样的。

每期只要四五千字，所以书中每个人，每件事，都不许信其自然的发展。设若一段之中我只详细的描写一个景或一个人，无疑的便会失去故事的趣味。我得使每期不落空，处处有些玩艺。因此，一期一期的读，它倒也怪热闹；及至把全书一气读完，它可就显出紧促慌乱，缺乏深厚的味道了。

书中的主人公——按老话儿说，应当叫作“书胆”——是个小孩儿。一点点的小孩儿没有什么思想，意志，与行为。这样的英雄全仗着别人来捧场，所以在最前的几章里我几乎有点和个小孩子开玩笑的嫌疑了。其实呢，我对小孩子是非常感觉趣味，而且最有同情心的。我的脾气是这样：不轻易交朋友，但是只要我看谁够个朋友，便完全以朋友相待。至于对小孩子，我就一律的看待，小孩子都可爱。世界上有千千万万的受压迫的人，其中的每一个都值得我们替他们呼冤，代他想方法。可是小孩子就更可怜，不但是无衣无食的，就是那打扮得马褂帽头像小老头的也可怜。牛天赐是属于后者的，因为我要写得幽默，就不能拿个顶穷苦的孩子作书胆——那样便成了悲剧。自然，我也明知道照我那么写一定会有危险的——幽默一放手便会成为瞎胡闹与开玩笑。于此，我至今还觉得怪对不起牛天赐的！

青　岛

· 山大[1] ·

我在三四年七月中辞去齐大的教职，八月跑到上海。我不是去逛，而是想看看，能不能不再教书而专以写作挣饭吃。我早就想不再教书。在上海住了十几天，我心中凉下去，虽然天气是那么热。为什么心凉？那时正是“一·二八”以后，书业不景气，文艺刊物很少，沪上的朋友告诉我不要冒险。兜底儿一句话：专仗着写东西吃不上饭。

第二步棋很好决定，还得去教书。于是我就接了山东大学的聘书来到青岛。

到了青岛不久，至友白涤洲死去；我跑回北平哭了一场。

---

[1] 老舍在山东大学任教职时，短篇小说、散文、生活创作回忆、杂文等收获很丰富，但却未写长篇小说。

这两件事——不能去专心写作，与好友的死——使我好久好久打不起精神来；愿意干的事不准干，应当活着的人反倒死。是呀，我知道活一天便须欢蹦乱跳一天，我照常的作事写文章，但是心中堵着一块什么，它老在那儿！写得不好？因为心里堵得慌！我是个爱笑的人，笑不出了！我一向写东西写得很快，快与好虽非一回事，但刷刷的写一阵到底是件痛快事；哼，自去年秋天起，刷刷不上来了。我不信什么“江郎才尽”那一套，更不信将近四十岁便得算老人；我愿老努力的写，几时入棺材，几时不再买稿纸。可是，环境也得允许我去写，我才能写，才能写得好。整天的瞎忙，在应休息的时间而拿起笔来写东西，想要好，真不大容易！我并不愿把一切的罪过都推出去，只说自己高明。不，我永远没说过自己高明；不过外面的压迫也真的使我“更”不高明。这是非说出不可的，我自己的不高明，与那些使我更不高明的东西，至少要各担一半责任。

一个大学或者正像一个人，他的特色总多少与它所在的地方有些关系。山大虽然成立了不多年，但是它既在青岛，就不能不带些青岛味儿。这也就是常常引起人家误解的地方。一般的说，人们大概会这样想：山大立在青岛恐怕不大合适吧？舞场、咖啡馆、电影院、浴场……在花花世界里能安心读书吗？这种因爱护而担忧的猜想，正是我们所愿解答的。……青岛之有夏，正如青岛之有冬；可是一般人似乎只知其夏，不知其冬，猜测多半由此而来。说真的，山大所表现的精神是青岛的冬。是呀，青岛忙的时候也是山大忙的时候，学会咧，参观团咧，讲习会咧，有时候同时借用山大作会场或宿舍，热忙非常。但这总是在夏天，夏天我们也放假呀。当我们上课的期间，自秋至冬，自冬至初夏，青岛差不多老是静寂的。春山上的野花，秋海上的晴霞，是我们的，避暑的人们大概连想也没想到过。至于冬日寒风恶月里的寂苦，或者也只有我们的读书声与足球场上的欢笑可与相抗；稍微贪点热闹的人恐怕连一个星期也住不下去。我常说，能在青岛住过一冬的，就有修仙的资格。我们的学生在这里一住就是四冬啊！他们不会在毕业时候都成为神仙——大概也没人这样期望他们——可是他们的静肃态度已经养成了。一个没到过山大的人，也许容易想到，青岛既是富有洋味的地方，当然山大的学生也得洋服啷当的，像些华侨子弟似的。根本没有这一回事。山大的校舍是昔年的德国兵营，虽然在改作学校之后，院中铺满短草，道旁也种上了玫瑰，可是它总脱不了营房的严肃气象。学校的后面左面都是小山，挺立着一些青松，我们每天早晨一抬头就看见山石与松林之美，但不是柔媚的那一种。学校里我们设若打扮得怪漂亮的，即使没人多看两眼，也觉得仿佛有些不得劲儿。整个的严肃空气不许我们漂亮，到学校外去，依然用不着修饰。六七月之间。此处固然是万紫千红，士女如云，好一片摩登景象了。可是过了暑期，海边上连个人影也没有；我们大概用不着花花绿绿的去请白鸥与远帆来看吧？因此，山大虽在青岛，而很少洋味儿，制服以外，蓝布大衫是第二制服。就是在六七月最热闹的时候，我们还是如此，因为朴素成了风气，蓝布大衫一穿大有“众人摩登我独古”的气概。

还有呢，不管青岛是怎样西洋化了的都市，它到底是在山东。“山东”二字满可以用作朴俭静肃的象征，所以山大——虽然学生不都是山东人——不但是个北方大学，而且是北方大学中最带“山东”精神的一个。我们常到崂山去玩，可是我们的眼却望着泰山，仿佛是。这个精神使我们朴素，使我们能吃苦，使我们静默。往好里说，我们是有一种强毅的精神；往坏里讲，我们有点乡下气。不过，即使我们真有乡下气，我们也会自傲的说，我们是在这儿矫正那有钱有闲来此避暑的那种奢华与虚浮的摩登，因为我们是一群“山东儿”——虽然是在青岛，而所表现的是青岛之冬。

·《骆驼祥子》·

在写《骆驼祥子》以前，我总是以教书为正职，写作为副业，从《老张的哲学》起到《牛天赐传》止，一直是如此。这就是说，在学校开课的时候，我便专心教书，等到学校放寒暑假，我才从事写作。我不甚满意这个办法。因为它使我既不能专心一志的写作，而又终年无一日休息，有损于健康。为了一家子的生活，我不敢独断独行的丢掉了月间可靠的收入，可是我的心里一时一刻也没忘掉尝一尝职业写家的滋味。

事有凑巧，在“山大”教过两年书之后，学校闹了风潮，我便随着许多位同事辞了职。这回，我既不想到上海去看看风向，也没同任何人商议，便决定在青岛住下去，专凭写作的收入过日子。这是“七七”抗战的前一年。《骆驼祥子》是我作职业写家的第一炮。这一炮要放响了，我就可以放胆的作下去，每年预计着可以写出两部长篇小说来。不幸这一炮若是不过火，我便只好再去教书，也许因为扫兴而完全放弃了写作。所以我说，这本书和我的写作生活有很重要的关系。

记得是在一九三六年春天吧，“山大”的一位朋友跟我闲谈，随便的谈到他在北平时曾用过一个车夫。这个车夫自己买了车，又卖掉，如此三起三落，到末了还是受穷。听了这几句简单的叙述，我当时就说：“这颇可以写一篇小说。”紧跟着，朋友又说：有一个车夫被军队抓了去，哪知道，转祸为福，他乘着军队移动之际，偷偷的牵回三匹骆驼回来。

这两个车夫都姓什么？哪里的人？我都没问过。我只记住了车夫与骆驼。这便是骆驼祥子的故事的核心。

从春到夏，我心里老在盘算，怎样把那一点简单的故事扩大，成为一篇十多万字的小说。我入了迷似的去搜集材料，把祥子的生活与相貌变换过不知多少次——材料变了，人也就随着变。

不管用得着与否，我首先向齐铁恨先生打听骆驼的生活习惯。齐先生生长在北平的西山，山下有许多家养骆驼的。得到他的回信，我看出来，我须以车夫为主，骆驼不过是一点陪衬，因为假若以骆驼为主，恐怕我就须到“口外”去一趟，看看草原与骆驼的情景了。若以车夫为主呢，我就无须到口外去，而随时随处可以观察。这样，我便把骆驼与祥子结合到一处，而骆驼只负引出祥子的责任。

怎么写祥子呢？我先细想车夫有多少种，好给他一个确定的地位。把他的地位确定了，我便可以把其余的各种车夫顺手儿叙述出来；以他为主，以他们为宾，既有中心人物，又有他的社会环境，他就可以活起来了。换言之，我的眼一时一刻也不离开祥子；写别的人正可以烘托他。

车夫们而外，我又去想，祥子应该租赁哪一车主的车，和拉过什么样的人。这样，我便把他的车夫社会扩大了，而把比他的地位高的人也能介绍进来。可是，这些比他高的人物，也还是因祥子而存在故事里，我决定不许任何人夺去祥子的主角地位。

有了人，事情是不难想到的。人既以祥子为主，事情当然也以拉车为主。只要我教一切的人都和车发生关系，我便能把祥子拴住，像把小羊拴在草地上的柳树下那样。

可是，人与人，事与事，虽以车为联系，我还感觉着不易写出车夫的全部生活来。于是，我还再去想：刮风天，车夫怎样？下雨天，车夫怎样？假若我能把这些细琐的遭遇写出来，我的主角便必定能成为一个最真确的人，不但吃的苦，喝的苦，连一阵风，一场雨，也给他的神经以无情的苦刑。

由这里，我又想到，一个车夫也应当和别人一样的有那些吃喝而外的问题。他也必定有志愿，有性欲，有家庭和儿女。对这些问题，他怎样解决呢？他是否能解决呢？这样一想，我所听来的简单的故事便马上变成了一个社会那么大。我所要观察的不仅是车夫的一点点的浮现在衣冠上的、表现在言语与姿态上的那些小事情了，而是要由车夫的内心状态观察到地狱究竟是什么样子。车夫的外表上的一切，都必有生活与生命上的根据。我必须找到这个根源，才能写出个劳苦社会。

到了夏天，我辞去了"山大"的教职，开始把祥子写在纸上。

一九三七年一月，"祥子"开始在《宇宙风》上出现，作为长篇连载。当发表第一段的时候，全部还没有写完，可是通篇的故事与字数已大概的有了准谱儿，不会有很大的出入。假若没有这个把握，我是不敢一边写一边发表的。刚刚入夏，我将它写完，共二十四段，恰合《宇宙风》每月要两段，连载一年之用。

当我刚刚把它写完的时候，我就告诉了《宇宙风》的编辑；这是一本最使我自己满意的作品。后来，刊印单行本的时候，书店即以此语嵌入广告中。它使我满意的地方大概是：（一）故事在我心中酝酿得相当的长久，收集的材料也相当的多，所以一落笔便准确，不蔓不枝，没有什么敷衍的地方。（二）我开始专以写作为业，一天到晚心中老想着写作这一回事，所以虽然每天落在纸上的不过是一二千字，可是在我放下笔的时候，心中并没有休息，依然是在思索；思索的时候长，笔尖上便能滴出血与泪来。（三）在这故事刚一开头的时候，我就决定抛开幽默而正正经经的去写。在往常，每逢遇到可以幽默一下的机会，我就必抓住它不放手。有时候事情本没什么可笑之处，我也要运用俏皮的言语，勉强的使它带上点幽默味道。这，往好里说，足以使文字活泼有趣；往坏里说，就往往招人讨厌。“祥子”里没有这个毛病。即使它还未能完全排除幽默，可是它的幽默是出自事实本身的可笑，而不是由文字里硬挤出来的。这一决定，使我的作风略有改变，教我知道了只要材料丰富，心中有话可说，就不必一定非幽默不足叫好。（四）既决定了不利用幽默，也就自然的决定了文字要极平易，澄清如无波的湖水。因为要求平易，我就注意到如何在平易中而不死板。恰好，在这时候，好友顾石君先生供给了我许多北平口语中的字和词。在平日，我总以为这些词汇是有音无字的，所以往往因写不出而割爱。现在，有了顾先生的帮助，我的笔下就丰富了许多，而可以从容调动口语，给平易的文字添上些亲切，新鲜，恰当，活泼的味儿。因此。“祥子”可以朗诵。它的言语是活的。

“祥子”自然也有许多缺点。使我自己最不满意的是收尾收得太慌了一点。因为连载的关系，我必须整整齐齐的写成二十四段；事实上，我应当多写两三段才能从容不迫的刹住。这，可是没法补救了，因为我对已发表过的作品是不愿再加修改的。

·职业写家的生活·

辞职后，一直住在青岛，压根儿就没动窝。青岛自秋至春都非常的安静，绝不像只在夏天来过的人所说的那么热闹。安静，所以适于写作，这就是我舍不得离开此地的原因。

除了星期日或有点病的时候，我天天总写一点，有时少至几百字，有时多过三千；平均的算，每天可得二千来字。细水长流，架不住老写，日子一多，自有成绩，可是，从发表过的来看，似乎凑不上这个数儿，那是因为长稿即使写完，也不能一口气登出，每月只能发表一两段。还有写好又扔掉也是常有的事，所以有伤耗。

地方安静，个人的生活也就有了规律。我每天差不多总是七点起床，梳洗过后便到院中去打拳，自一刻钟到半点钟，要看高兴不高兴。不过，即使高兴，也必打上一刻钟，求其不间断。遇上雨或雪，就在屋中练练小拳。

这种运动不一定比别种运动好，而且耍刀弄棒，大有义和拳上体的嫌疑。不过它的好处是方便：用不着去找伴儿，一个人随时随地都可以活动；可长可短，可软可硬，由慢而速，亦可由速而慢，缺乏纪律，可是能够从心所欲不逾矩。练上几趟就多少能见点汗儿；背上微微见汗，脸色微红，最为舒服。

打完拳，我便去浇花，喜花而不会养，只有天天浇水，以求不亏心。有的花不知好歹，水多就死；有的花，勉强的到时开几朵小花。不管它们怎样吧，反正我尽了责任。这么磨蹭十多分钟，才去吃早饭，看报，这差不多就快九点钟了。

吃过早饭，看看有应回答的信没有；若有，就先写信，溜一溜脑子；若没有，就试着写点文章。在这时候写文，不易成功，脑子总是东一头西一脚的乱闹哄。勉强的写一点，多数是得扔到纸篓去。不过，这么闹哄一阵，虽白纸上未落多少黑字，可是这一天所要写的，多少有了个谱儿，到下午便有辙可循，不致再拿起笔来发怔了。简直可以这么说，早半天的工作是抛自己的砖，以便引出自家的玉来。

十一时左右，外埠的报纸与信件来到，看报看信；也许有个朋友来谈一会儿，一早晨就这么无为而治的过去了。遇到天气特别晴美的时候，少不得就带小孩到公园去看猴，或到海边拾蛤壳。住在青岛，看海很方便：潮退后，每携小女到海边上去；沙滩上有的是蛤壳与断藻，便与她拾着玩。拾来的蛤壳很不少了。但是很少出奇的。至于海藻，更不便往家中拿，往往是拾起来再送到水中去。这得九点多就出发，十二时才能回来，我们是能将一里路当作十里走的；看见地上一颗特别亮的砂子，我们也能研究老大半天。

十二点吃午饭。吃完饭，我抢先去睡午觉，给孩子们示范。等孩子都决定去学我的好榜样，而闭上了眼，我便起来了；我只需一刻钟左右的休息，不必睡那伟大的觉。孩子睡了，我便可以安心拿起笔来写一阵。等到他们醒来，我就把墨水瓶盖好，一直到晚八点再打开。大概的说吧，写文的主要时间是午后两点到三点半，和晚上八点到九点半。这两个时间，我可以不受小孩们的欺侮。

九点半必定停止工作。按说，青岛的夜里最适于写文，因为各处静得连狗仿佛都懒得吠一声，可是，我不敢多写，身体钉不住；一咬牙，我便整夜的睡不好；若是早睡呢，我便能睡得像块木头，有人把我搬了走我也不知道，我可也不去睡的太早了，因为末一次的信是九点后才能送到，我得等着；还有呢，花猫每晚必出去活动，到九点后才回来，把猫收入，我才好锁上门。有时候躺下而睡不着，便读些书，直到困了为止。读书能引起倦意，写文可不能；读书是把别人的思想装入自己的脑子里，写文是把自己的思想挤出来，这两样不是一回事，写文更累得慌。

星期六下午和星期日整天，该热闹了。看朋友，约吃饭，理发，偶尔也看看电影，都在这两天。一到星期一，便又安静起来，鸦雀无声，除了和孩子们说废话，几乎连唇齿舌喉都没有了用处似的。说真的，青岛确是过于安静了。可是，只要熬过一两个月，习惯了，可也就舍不得它了。

按说，我既爱安静，而又能在这极安静的地方写点东西，岂不是很抖的事吗？唉（必得先叹一口气）！都好哇，就是写文章吃不了饭啊！

我的身体不算很强，多写字总不能算是对我有益处的事。但是，我不在乎，多活几年，少活几年，有什么关系呢？死，我不怕；死不了而天天吃个半饱，远不如死了呢。我爱写作，可就是得挨饿，怎办呢？连版税带稿费，一共还不抵教书的收入的一半，而青岛的生活程度又是那么高，买葱要论一分钱的，坐车起码是一毛钱！怎样活下去呢？

常常接到青年朋友们的著作，教我给看，改；如有可能，给介绍到各杂志上去。每接到一份，我就要落泪，我没有工夫给详细的改，但是总抓着工夫给看一遍，尽我所能见到的给批注一下，客气的给寄回去。有好一点的呢，我当然找个相当的刊物，给介绍一下；选用与否，我不能管，尽到我的心算了。这点义务工作，不算什么；我要落泪，因为这些青年们都是想要指着投稿吃饭的呀！——这里没有饭吃！

·芦沟桥事变·

芦沟桥事变初起，我还在青岛，正赶写两部长篇小说。[1] 这两部东西都定好在九月中登载出，作为“长篇连载”，足一年之用。七月底，平津失陷，两篇共得十万字，一篇三万，一篇七万。再有十几万字，两篇就都完成了，我停了笔。一个刊物，随平津失陷而停刊，自然用不着供给稿子；另一个却还在上海继续刊行，而且还直催预定货件。可是，我不愿写下去。初一下笔的时候，还没有战争的影子，作品内容也就没往这方面想。及至战争已在眼前，心中的悲愤万难允许再编制“太平歌词”了。街巷中喊卖号外，自午及夜半，而所载电讯，仅三言两语，至为恼人！一闻呼唤，小儿女争来扯手：“爸！号外！”平均每日写两千字，每因买号外打断思路。至七月十五日，号外不可再见，往往步行七八里，遍索卖报童子而无所得；日侨尚在青，疑市府已禁号外，免生是非。日人报纸则号外频发，且于铺户外揭贴，加以朱圈；消息均不利于我方。我弱彼强，处处惭忍，有如是者！

老母尚在北平，久无信示；内人又病，心绪极劣。时在青朋友纷纷送眷属至远方，每来辞行，必嘱早作离青之计；盖一旦有事，则敌舰定封锁海口，我方必拆毁胶济路，青岛成死地矣。家在故乡，已无可归，内人身重，又难行旅，乃力自镇定，以写作摈扰，文字之劣，在意料中。自十五至廿五，天热，消息沉闷，每深夜至友家听广播，全无收获。归来，海寂天空，但闻远处犬吠，辄不成寐。

廿六日又有号外，廊坊有战事，友朋来辞行者倍于前。写文过苦，

---

[1] 两部长篇小说：在《宇宙风》上连载的《病夫》；天津《方舟》上连载的《小人物自述》。

乃强读杂书。廿八号外，收复廊坊与丰台，不敢深信，但当随众欢笑。廿九日消息恶转，号外又停。卅一日送内人入医院。在家看管儿女；客来数起，均谓大难将临。是日仍勉强写二千字给《民众日报》。

八月一日得小女，大小俱平安。久旱，饮水每断，忽得大雨，即以“雨”名女——原拟名“乱”，妻嫌过于现实。电平报告老人；复访友人，告以妻小无恙；夜间又写千字。次日，携儿女往视妈妈与小妹，路过旅行社，购车票者列阵，约数百人。四日，李友入京，良乡有战事；此地大风，海水激卷，马路成河。乘帆船逃难者，多沉溺。每午，待儿女睡去，即往医院探视；街上卖布小贩已绝，车马群趋码头与车站；偶遇迁逃友人，匆匆数语即别，至为难堪。九日，《民众日报》停刊，末一号仍载有我小文一篇。王剑三以七号携眷去沪，臧克家、杨枫、孟超诸友，亦均有南下之意。我无法走。十一日，妻出院，实之自沪来电，促南下。商之内人，她决定不动。以常识判断，青岛日人产业值数万万，必不敢立时暴动，我方军队虽少，破坏计划则早已筹妥。是家小尚可暂留，俟雨满月后再定去向，至于我自己，市中报纸既已停刊，我无用武之地，救亡工作复无详妥计划，亦无人参加，不如南下，或能有些用处。遂收拾书籍，藏于他处，即电亢德，准备南下。十二日，已去托友买船票，得亢德复电：“沪紧缓来”，南去之计既不能行，乃决去济南。前月已与齐大约定，秋初开学，任国文系课两门，故决先去，以便在校内找房，再接家小。别时，小女啼泣甚悲，妻亦落泪。十三早到济，沪战发。心极不安：沪战突然爆发，青岛或亦难免风波，家中无男人，若遭遇事变……

果然，十四日敌陆战队上岸。急电至友，送眷来济。妻小以十五日晨来，车上至为拥挤。下车后，大雨；妻疲极，急送入医院。复冒雨送儿女至敬环处暂住。小儿频呼“回家”，甚惨。大雨连日，小女受凉亦病，送入小儿科。自此，每日赴医院分看妻女，而后到友宅看小儿，焦急万状。《病夫》已有七万字，无法续写，复以题旨距目前情形过远，即决放弃。

十日间，雨愈下愈大。行李未到，家具全无，日行泥水中，买置应用物品。自青来济者日多，友朋相见，只有惨笑。留济者找房甚难，迁逃者匆匆上路，忙乱中无一是处，真如恶梦。

廿八日，妻女出院，觅小房，暂成家。复电在青至友，托送器物。七月事变，济南居民迁走甚多，至此又渐热闹，物价亦涨。家小既团圆，我始得匀出工夫，看访故人；多数友人已将妻女送往乡间，家家有男无女，颇有谈笑，但欠自然。沪战激烈，我的稿费停止，搬家买物看病雇车等又费去三百元，遂决定不再迁动。深盼学校能开课，有些事作，免生闲愁，果能如此，还足以傲友辈也。

学校于九月十五日开课，学生到及半数。十六日大同失陷；十九日中秋节，街上生意不多，几不见提筐肩盒送礼者。《小实报》在济复刊，约写稿。平津流亡员生渐多来此，或办刊物，或筹救亡工作，我又忙起来。廿一日，敌机过市空，投一弹，伤数人，群感不安。此后时有警报。廿五六日，伤兵过济者极多，无衣无食无药物，省政府似不甚热心照料。到站慰劳与看护者均是学界中人。卅日，敌军入鲁境，学生有请假回家者。时中央派大员来指挥，军事应有好转，但本省军事长官嫌客军在鲁，设法避战，战事遂告失利。德州危，学校停课。师生相继迁逃，市民亦多东去，来自胶东者又复搬回，车上拥挤，全无秩序。我决不走。远行无力，近迁无益，不如死守济南，几每日有空袭警报，仍不断写作。笔为我唯一武器，不忍藏起。

入十月，我方不反攻，敌军不再进，至为沉闷。校内寂无人，猫狗被弃，群来啼饥。秋高气爽，树渐有红叶，正是读书时候，而校园中全无青年笑语声矣。每日小女助母折纱布揉棉球，备救护伤兵之用，小儿高呼到街上买木枪，好打飞机，我低首构思，全室有紧张之象。流亡者日增，时来贷金求衣，量力购助，不忍拒绝。写文之外，多读传记及小说，并录佳句于册。十四日，市保安队枪械被收缴，市面不安，但无暴动。青年学子，爱国心切，时约赴会讨论工作计划。但政府多虑，不准活动，相对悲叹。下半月，各线失利，而济市沉寂如常，虽仍未停写作，亦难自信果有何用处矣。

十一月中，敌南侵，我方退守黄河。友人力劝出走，以免白白牺牲，但：

一、车极难上，沿途且有轰炸之险。

二、儿女辈俱幼弱，天气复渐寒，遇险或受病，同是危难。

三、存款无多，仅足略购柴米，用之行旅，则成难民。

版税稿费俱绝，找事非易，有出无入，何以支持？独逃可仅顾三餐，同来则无法尽避饥寒。

有此数因，故妻决留守，在济多友，亦愿为照料。不过，说着容易，实行则难，于心有所不忍，遂迟迟不敢行。

在抗战前，我是平凡的人，抗战后，仍然是个平凡的人。那也就可见，我并没有乘着能够混水摸鱼的时候，发点财，或作了官； 不，我不单没有摸到鱼，连小虾也未曾捞住一个。我只有一枝笔。这枝笔是我的本钱，也是我的抗敌的武器。我不肯，也不应该，放弃了它，而去另找出路。于是，我由青岛跑到济南，由济南跑到武汉，而后跑到重庆。由重庆，我曾到洛阳，西安，兰州，青海，绥远去游荡，到川东川西和昆明大理去观光。到处，我老拿着我的笔。风把我的破帽子吹落在沙漠上，雨打湿了我的瘦小的铺盖卷儿；比风雨更厉害的是多少次敌人的炸弹落在我的附近，用沙土把我埋了半截。这，是流亡，是酸苦，是贫寒，是兴奋，是抗敌，也就是“八方风雨”。

第四章

八方风雨

开始流亡

直到二十六年十一月中旬，我还没有离开济南。第一，我不知道上哪里去好：回老家北平吧，道路不通；而且北平已陷入敌手，我曾函劝诸友逃出来，我自己怎能去自投罗网呢？到上海去吧，沪上的友人又告诉我不要去，我只好“按兵不动”。第二，从泰安到徐州，火车时常遭受敌机轰炸，而我的幼女才不满三个月，大的孩子也不过四岁，实在不便去冒险。第三，我独自逃亡吧，把家属留在济南，于心不忍；全家走吧，既麻烦又危险。这是最凄凉的日子。齐鲁大学的学生已都走完，教员也走了多一半。那么大的院子，只剩下我们几家人。每天，只要是晴天，必有警报：上午八点开始，到下午四五点钟才解除。院里静寂得可怕：卖青菜，卖果子的都已不再来，而一群群的失了主人的猫狗都跑来乞饭吃。

我着急，而毫无办法。战事的消息越来越坏，我怕城市会忽然的被敌人包围住，而我作了俘虏。死亡事小，假若我被他捉去而被逼着作汉奸，怎么办呢？这点恐惧，日夜在我心中盘旋。是的，我在济南，没有财产，没有银钱；敌人进来，我也许受不了多大的损失。但是，一个读书人最珍贵的东西是他的一点气节。我不能等待敌人进来，把我的那点珍宝劫夺了去。我必须赶紧出走。

几次我把一只小皮箱打点好，几次我又把它打开。看一看痴儿弱女，我实不忍独自逃走。这情形，在我到了武汉的时候，我还不能忘记，而且写出一首诗来：

弱女痴儿不解哀，牵衣问父去何来？
话因伤别潸应泪，血若停流定是灰。
已见乡关沦水火，更堪江海逐风雷。
徘徊未忍道珍重，暮雁声低切切催。

可是，我终于提起了小箱，走出了家门。那是十一月十五日的黄昏。在将要吃晚饭的时候，天上起了一道红闪，紧接着是一声震动天地的爆炸。三个红闪，爆炸了三声。这是——当时并没有人知道——我们的军队破坏黄河铁桥。铁桥距我的住处有十多里路，可是我的院中的树木都被震得叶如雨下。

立刻，全市的铺户都上了门，街上几乎断绝了行人。大家以为敌人已到了城外。我抚摸了两下孩子们的头，提起小箱极快的走出去。我不能再迟疑，不能不下狠心：稍一踟蹰。我就会放下箱子，不能迈步了。

同时，我也知道不一定能走，所以我的临别的末一句话是：“到车站看看有车没有，没有车就马上回来！”在我的心里，我切盼有车，宁愿在中途被炸死，也不甘心坐待敌人捉去我。同时我也愿车已不通，好折回来跟家人共患难。这两个不同的盼望在我心中交战，使我反倒忘了苦痛。我已主张不了什么，走与不走全凭火车替我决定。

在路上，我找到一位朋友，请他陪我到车站去，假若我能走，好托他照应着家中。

车站上居然还卖票。路上很静，车站上却人山人海。挤到票房，我买了一张到徐州的车票。八点，车入了站，连车顶上已坐满了人。我有票，而上不去车。

生平不善争夺抢挤。不管是名，利，减价的货物，还是车位，船位，还有电影票，我都不会把别人推开而伸出自己的手去。看看车子看看手中的票，我对友人说："算了吧，明天再说吧！"

友人主张再等一等。等来等去，已经快十一点了，车子还不开，我也上不去。我又要回家。友人代我打定了主意："假若能走，你还是走了好！"他去敲了敲末一间车的窗。窗子打开，一个茶役问了声："干什么？"友人递过去两块钱，只说了一句话："一个人，一个小箱。"茶役点了头，先接过去箱子，然后拉我的肩。友人托了我一把，我钻入了车中，我的脚还没落稳，车里的人——都是士兵——便连喊："出去！出去！没有地方。"好容易立稳了脚，我说了声：我已买了票。大家看着我，也不怎么没再说什么。我告诉窗外的友人："请回吧！明天早晨请告诉我家里一声，我已上了车！"友人向我招了招手。

没有地方坐，我把小箱竖立在一辆自行车的旁边，然后用脚，用身子，用客气，用全身的感觉，扩充我的地盘。最后，我蹲在小箱旁边。又待了一会儿，我由蹲而坐，坐在了地上，下颏恰好放在自行车的坐垫上——那个三角形的，皮的东西。我只能这么坐着，不能改换姿式，因为四面八方都挤满了东西与人，恰好把我镶嵌在那里。

车中有不少军火，我心里说：“一有警报，才热闹！只要一个枪弹打进来，车里就会爆炸；我，箱子，自行车，全会飞到天上去。”

同时，我猜想着，三个小孩大概都已睡去，妻独自还没睡，等着我也许回去！这个猜想可是不很正确，后来得到家信，才知道两个大孩子都不肯睡，他们知道爸走了，一会儿一问妈：爸上哪儿去了呢？

夜里一点才开车，天亮到了泰安。我仍维持着原来的姿式坐着，看不见外边。我问了声：“同志，外边是阴天，还是晴天？”回答是：“阴天。”感谢上帝！北方的初冬轻易不阴天下雨，我赶的真巧！由泰安再开车，下起细雨来。

晚七点到了徐州。一天一夜没有吃什么，见着石头仿佛都愿意去啃两口。头一眼，我看见了个卖干饼子的，拿过来就是一口。我差点儿噎死。一边打着嗝儿，我一边去买郑州的票。我上了绿钢车，安闲的，漂亮的，停在那里，好像“战地之花”似的。

到郑州，我给家中与汉口朋友打了电报，而后歇了一夜。

到了汉口，我的朋友白君刚刚接到我的电报。他把我接到他的家中去。这是二十六年十一月十八日。从这一天起，我开始过流亡的生活。

在武汉

离开家里，我手里拿了五十块钱。回想起来，那时候的五十元钱有多么大的用处呀！它使我由济南走到汉口，而还有余钱送给白太太一件衣料——白君新结的婚。

白君是我中学时代的同学。在武汉，还另有两位同学，朱君与蔡君。不久，我就看到了他们。蔡君还送给我一件大衣。

住处有了，衣服有了，朋友有了："我将干些什么呢？"这好决定。我既敢只拿着五十元钱出来，我就必是相信自己有挣饭吃的本领。我的资本就是我自己。只要我不偷懒，勤动着我的笔，我就有饭吃。

把个小一点的南京，和一个小一点的上海，搬拢在一处，放在江的两岸，便是武汉。武昌很静，而且容易认识——有那条像城的脊背似的蛇山，很难迷失了方向。汉口差不多和上海一样的嘈杂混乱，而没有上海的忙中有静，和上海的那点文化事业与气氛。它纯粹的是个商埠，在北平，济南，青岛住惯了，我连上海都不大喜欢，更不用说汉口了。

在今天想起来，汉口几乎没有给我留下任何印象。虽然武昌的黄鹤楼是那么奇丑的东西，虽然武昌也没有多少美丽的地方，可是我到底还没完全忘记了它。在蛇山的梅林外吃茶，在珞珈山下荡船，在华中大学的校园里散步，都使我感到舒适高兴。

特别值得留恋的是武昌的老天成酒店。这是老字号。掌柜与多数的伙计都是河北人。我们认了乡亲。每次路过那里，我都得到最亲热的招呼，而他们的驰名的二锅头与碧醇是永远管我喝够的。

汉阳虽然又小又脏，却有古迹：归元寺、鹦鹉洲、琴台、鲁肃墓，都在那里。这些古迹，除了归元寺还整齐，其他的都破烂不堪，使人看了伤心。

汉阳的兵工厂是有历史的。它给武汉三镇招来不少次的空袭，它自己也受了很多的炸弹。

武汉的天气也不令人喜爱。冬天很冷，有时候下很厚的雪。夏天极热，使人无处躲藏。武昌，因为空旷一些，还有时候来一阵风。汉口，整个的像个大火炉子。树木很少，屋子紧接着屋子，除了街道没有空地。毒花花的阳光射在光光的柏油路上，令人望而生畏。

越热，蚊子越多。在千家街的一间屋子里，我曾在傍晚的时候，守着一大扇玻璃窗。在窗上，我打碎了三本刊物，击落了几百架小飞机。

蜈蚣也很多，很可怕。在褥下，箱子下，枕下，我都洒了雄黄；虽然不准知道，这是否确能避除毒虫，可是有了这点设施，我到底能睡得安稳一些。有一天，一撕一个的小的邮卷，哼，里面跳出一条蜈蚣来！

提到饮食，武汉并没有什么特殊的东西。除了珍珠丸子一类的几种蒸茶而外，烹调的风格都近似江苏馆子的——什么菜都加点烩粉与糖，既不特别的好吃，也不太难吃。至于烧卖里面放糯米，真是与北方老粗故意为难了！

在汉口，我第一篇文章是给《大公报》写的。紧紧跟着，又有好几位朋友约我写稿。好啦，我的生活可以不成问题了。

倒是继续住在汉口呢？还是另到别处去呢？使我拿不定主意。二十一日，国府明令移都重庆。二十二日，苏州失守。武汉的人心极度不安。大家的不安，也自然的影响到我。我的行李简单，“货物”轻巧，而且喜欢多看些新的地方，所以我愿意再走。

我打电报给赵水澄兄，他回电欢迎我到长沙去。可是武汉的友人们都不愿我刚刚来到，就又离开他们；我是善交友的人，也就犹豫不决。

在武昌的华中大学，还有我一位好友，游泽丞教授。他不单不准我走，而且把自己的屋子与床铺都让给我，教我去住。他的寓所是在云架桥——多么美的地名！——地方安静，饭食也好，还有不少的书籍。以武昌与汉口相较，我本来就欢喜武昌，因为武昌像个静静的中国城市，而汉口是不中不西的乌烟瘴气的码头。云架桥呢，又是武昌最清静的所在，所以我决定搬了去。

游先生还另有打算。假若时局不太坏，学校还不至于停课，他很愿意约我在华中教几点钟书。

可是，我第一次到华中参观去，便遇上了空袭，这时候，武汉的防空设备都极简陋。汉口的巷子里多数架起木头，上堆沙包。一个轻量的炸弹也会把木架打垮，而沙包足以压死人。比这更简单的是往租界里跑。租界里连木架沙包也没有，可是大家猜测着日本人还不至于轰炸租界——这是心理的防空法。武昌呢，有些地方挖了地洞，里边用木头撑住，上覆沙袋，这和汉口的办法一样不安全。有的人呢，一有警报便往蛇山上跑，藏在树林里边。这，只须机枪一扫射，便要损失许多人。

华中更好了，什么也没有。我和朋友们便藏在图书馆的地窖里。摩仿，使日本人吃了大亏。假若日本人不必等德国的猛袭波兰与伦敦，就已想到一下子把军事或政治或工业的中心炸得一干二净，我与我的许多朋友或者早已都死在武汉了。可是，日本人那时候只派几架，至多不过二三十架飞机来。他们不猛袭，我们也就把空袭不放在心上。在地窖里，我们还觉得怪安全呢。

不久，何容，老向与望云诸兄也都来到武昌千家街福音堂。冯先生和朋友们都欢迎我们到千家街去。那里，地方也很清静，而且有个相当大的院子。何容与老向打算编个通俗的刊物；我去呢，也好帮他们一点忙。于是我就由云架桥搬到千家街，而慢慢忘了到长沙去的事。流亡中，本来是到处为家，有朋友的地方便可以小住；我就这么在武昌住下去。

写通俗文艺

在抗日战争以前，无论怎样，我绝对想不到我会去写鼓词与小调什么的。抗战改变了一切。我的生活与我的文章也都随着战斗的急潮而不能不变动了。“七七”抗战以后，济南失陷以前，我就已经注意到如何利用鼓词等宣传抗战这个问题。记得，我曾和好几位热心宣传工作的青年去见大鼓名手白云鹏与张小轩先生，向他们讨教鼓词的写法。后来，济南失陷，我逃到武汉，正赶上台儿庄大捷，文章下乡与文章入伍的口号既被文艺协会提出，而教育部，中宣部，政治部也都向文人们索要可以下乡入伍的文章。这时候，我遇到了田汉先生。他是极热心改革旧剧的，也鼓励我马上去试写。对于旧剧的形式与歌唱，我懂得一些，所以用不着去请导师。对于鼓词等，我可完全是外行，不能不去请教。于是，我就去找富少舫和董莲枝女士，讨教北平的大鼓书与山东大鼓书。同时，冯焕章将军收容了三四位由河南逃来唱坠子的，我也朝夕与他们在一道，学习一点坠子的唱法。他们都是在河南乡间的集市上唱书的，所以他们需要长的歌词，一段至少也得够唱半天的。我向他们领教了坠子的句法，就开始写一大段抗战的故事，一共写了三千多句。这三千多句长的一段韵文，可惜，已找不到了底稿。可是，我确知道那三位唱坠子的先生已把它背诵得飞熟，并且上了弦板。说不定，他们会真在民间去唱过呢——他们在武汉危急的时候，返回了故乡。冯将军还邀了几位画家，绘画抗战的“西湖景”，托我编歌词，以便一边现映画片，一边歌唱。同时，老向与何容先生正在编印《抗到底》月刊，专收浅易通俗的文字，我被邀为经常的撰稿者。

我写了不少篇这类的东西，可是汇印起来的只有《三四一》——三篇鼓词，四出旧形式新内容的戏，与一篇小说。这以外的，全随写随弃，无从汇印，也不想汇印了。

《三四一》有三篇大鼓书词，四出二簧戏，和一篇旧型的小说。

三篇鼓词里，我自己觉得《王小赶驴》还下得去。《张忠定计》不很实在。《打小日本》既无故事，段又太长，恐怕不能演唱，只能当小唱本念念而已。

四出戏的好歹，全不晓得；非经演唱不能知道好在哪里，坏在何处。印出来权当参考，若要上演，必须大家修改；有愿排演者，请勿客气。

旧型小说一篇，因忙，写得不十分像样儿。

这八篇东西，都是用“旧瓶装新酒”的办法写成的。功夫是不欺人的。它教我明白了什么是民间的语言，什么是中国语言的自然的韵律。不错，它有许多已经陈腐了的东西，可是唯其明白了哪是陈腐的，才能明白什么是我们必须马上送给民众的。明乎此，知乎彼，庶几可以说民族形式矣。我感谢这个使我能学习的机会。

四一年以后，除有人特约，我很少自动地去写通俗的东西了。一天，见到一位伤兵，他念过我的鼓词。他已割下一条腿。他是谁？没人知道。他死，入无名英雄墓。他活，一个无名的跛子。他读过我的书词，而且还读给别的兄弟们听，这就够了，只求多有些无名英雄们能读到我的作品，能给他们一些安慰，好；一些激励，也好。我设若因此而被拦在艺术之神的寺外，而老去伺候无名英雄们，我就满意，因为我的笔并未落空。

文协与会刊

·文　协·

文人们仿佛忽然集合到武汉。我天天可以遇到新的文友。我一向住在北方，又不爱到上海去，所以我认识的文艺界的朋友并不很多，戏剧界的名家，我简直一个也不熟识。现在，我有机会和他们见面了。

郭沫若，茅盾，胡风，冯乃超，艾芜，鲁彦，郁达夫，诸位先生，都遇到了。此外，还遇到戏剧界的阳翰笙，宋之的诸位先生，和好多位名导演与名艺员。

朋友们见面，不约而同的都想组织全国文艺界抗敌协会，以便团结到一处，共同努力于抗战的文艺。我不是好事喜动的人，可是大家既约我参加，我也不便辞谢。于是，我就参加了筹备工作。

筹备得相当的快。到转过年三月二十七日成立大会便开成了。文人，在平日似乎有点吊儿郎当，赶到遇到要事正事，他们会干得很起劲，很紧张。文艺协会的筹备期间并没有一个钱，可是大家肯掏腰包，肯跑路，肯车马自备。就凭着这一点齐心努力的精神，大家把会开成，而且开得很体面。

“文协”成立大会

中华民国二十七年三月二十七日，全国文艺界抗敌协会在汉口总商会礼堂开成立大会。

我是筹备委员之一，本当在二十六晚过江（我住在武昌）预备次日的事情。天雨路脏，且必须赶出一篇小文，就偷懒没去；自然已知事情是都筹备得差不离了。

武汉的天气是阴晴无定，冷暖诡变的。今日的风雨定难据以测想明日的阴，还是晴。二十七日早五点我就睡不安了。“坏天气是好天气”，已是从空袭的恐怖中造成的俗语；我深盼天气坏——也就是好。假如晴天大日头，而敌机结队早来，赴会者全无法前去，岂不很糟？至于会已开了，再有警报，倒还好办；前方后方，既已无从分别，谁还怕死么？

六点，我再也躺不住。起看，红日一轮正在武汉大学的白石建筑上。洗洗脸，便往外走。心想，即便有空袭，能到了江那边便有办法，就怕截在江这边，干着急而上不去轮渡。急走，至江岸，雾甚重，水声帆影，龟山隐隐，甚是好看，亦渐放心。到汉口，雾稍敛，才八点钟。

先到三户印刷所找老向与何容二位。他们已都起来，大概都因开大会兴奋。睡不着也，何容兄平日最善晚起。坐了一会儿，大家的眼都瞄着由窗子射进来的阳光，感到不安。“这天儿可不保险”，到底被说出来；紧跟着：“咱们走吧！”

总商会大门前扎着彩牌，一条白布横过宽大的马路，写着雄大的黑字。楼适夷先生已在门内立着，手里拿着各色的缎条，预备分给到会者佩戴；据说，他是在七点钟就来了。礼堂里还没有多少人，白布标语与台上的鲜花就特别显着鲜明清楚。那条写着“文章下乡文章入伍”的白布条，因为字写得挺秀，就更明爽醒眼。除了这三四条白布，没有别的标语，倒颇严肃大方。

最先见到的是王平陵与华林两先生，他们为布置会场都受了很大的累；平陵先生笑着说：“我六点钟就来了！”

人越来越多了，签到处挤成一团；签完字便都高兴的带起缎条和白布条——缎条上印着成立大会字样，布条上写着人名，以便彼此一握手时便知道谁是谁了。入了会场，大家三五成组，有的立，有的坐，都谈得怪快活。又进来人了，识与不识，拦路握手，谁也不感到生疏或拘束。慢慢的，坐着的那些小组联成大一点的组，或竟联成一整排；立着的仿佛是表示服从多数，也都坐下去。摄影者来了不少，看还没有开会，便各自分别约请作家，到屋外拍照。这时候，会员中作刊物编辑的先生们，都抱着自己的刊物，分发给大家。印好的大会宣言，告世界作家书，会章草案，告日本文艺作家书，本已在每个人的手中，现在又添上几种刊物，手里差不多已拿不了，只好放在怀中，立起或坐下都感到点不甚方便的喜悦。

啊，我看见了丰子恺先生！久想见见他而没有机会，又绝没想到他会来到汉口，今天居然在这里遇到，真是惊喜若狂了。他的胡子，我认得，见过他的像片。他的脸色（在像片上是看不出来的）原来是暗中有光，不像我理想的那么白皙。他的眼，正好配他的脸，一团正气，光而不浮，秀而诚朴。他的话，他的举动，也都这样可喜而可畏。他显出不知如何是好的亲热，而并不慌急。他的官话似乎不甚流利，可是他的眼流露出沉着诚恳的感情。

在他旁边坐着的是宋云彬先生，也是初次会面。说了几句话，他便教我写点稿子，预备为儿童节出特刊用的。我赶紧答应下来。在武汉，谁来约稿都得答应；编辑者当面索要，少一迟疑，必会被他拉去吃饭；吃完朋友的饭，而稿子却写得欠佳，岂不多一层惭愧么？

跟他们二位刚谈了几句，钟天心先生就过来了。刚才已遇到他，八年未见，话当然是多的；好吧，我只好舍了丰宋二位而又找了天心兄去；况且，他还等着我给他介绍朋友啊。他这次是由广州赶来的。胖了许多，态度还是那么稳而不滞。我俩又谈了会儿；提起许多老朋友，都已难得相见；可是目前有这么多文艺界朋友，聚在一堂，多么不容易呢！

人更多了。女宾开始求大家签字。我很羡慕她们，能得到这样的好机会；同时，又很惭愧，自己的字写得是那么坏，一页一页的专给人家糟蹋纸——而且是那么讲究的纸！

快开会，一眼看见了郁达夫先生。久就听说，他为人最磊落光明，可惜没机会见他一面。赶上去和他握手，果然他是个豪爽的汉子。他非常的自然，非常的大方，不故意的亲热，而确是亲热。正跟他谈话，郭沫若先生来到，也是初次见面。只和郭先生说了一句话，大会秘书处的朋友便催大家就位，以备振铃开会。党政机关的官长，名誉主席团，和主席团，都坐在台上。名誉主席团中最惹人注意的，是日本名写家鹿地亘先生，身量不算太矮，细瘦；苍白的脸，厚厚的头发，他不很像个日本人。胡风先生陪着他，给他向大家介绍。他的背挺着，而腰与手都预备好向人鞠躬握手，态度在稍微拘谨之中露出恳挚，谦虚之中显出沉毅。他的小小的身体，好像负着大于他几千几万倍的重担。他的脸上显着忧郁，可是很勇敢，挺着身子，来向真正爱和平的朋友们握手，齐往艰苦而可以达到正义的路上走。他的妻坐在台下，样子颇像个广东女人。

振铃了，全体肃立。全堂再也听不到一点声音。

邵力子先生宣告开会，王平陵先生报告筹备经过，并读各处的贺电。两位先生一共用了十分钟的工夫，这给予训话和演讲的人一个很好的暗示——要短而精。方治先生和陈部长的代表训话，果然都很简短而精到。鹿地亘先生讲演！全场的空气紧张到极度，由台上往下看，几乎每个人的头都向前伸着。胡风先生作了简单的介绍，而后鹿地亘先生的柔韧有劲的话，像用小石投水似的，达到每个人的心里去。几乎是每说完一段，掌声就雷动；跟着就又是静寂。这一动一静之际，使人感到正义与和平尚在人间，不过只有心雄识远的人才能见到，才肯不顾世俗而向卑污黑暗进攻，给人类以光明。文艺家的责任是多么重大呀！

周恩来先生与郭沫若先生相继演说，都简劲有力。末了，上来两位大将，冯玉祥先生与陈铭枢先生。这两位都是会员，他们不仅爱好文艺，而且对文艺运动与文化事业都非常的关心与爱护。历史上——正像周恩来先生所说的——很难找到这样的大团结，因为文人相轻啊。可是，今天不但文人们和和气气的坐在一堂，连抗日的大将也是我们的会员呀。

已到晌午，没法再多请人演讲；其实该请的人还很多呢。邵力子先生（主席）便求老向先生向大家报告：（一）请到门外去照像。（二）照完像，到普海春吃饭，来宾和会员都务请过去。（三）午餐后，会员就在普海春继续开会，省得再往回跑。

照像真热闹，拿着像匣的你挡着我，我挡着你，后面的干着急，前面的连连的照。照了好大半天，才大家有份的都“满载而归”。

晴暖的春光，射在大家的笑脸上，大家携手向饭馆进行。老的小的，胖的瘦的，男的女的，高的矮的，文的武的，洋装的华服的，都说着笑着，走了一街。街上的人围拢进来，大概觉得很奇怪——哪里来这么多酸溜溜的人呢？

普海春楼上已摆好十几席。大家顾不得入席，有的去找久想晤谈的友人谈话，有的忙着给小姐们签字——冯玉祥先生已被包围得风雨不透。这时候，我看见了卢冀野先生。他更胖了，诗也作得更好——他已即席吟成七律一首；还说要和我的那首文协成立会的贺诗呢。我俩正交换住址，前面喊起入席呀，入席呀！

我赶到前面，找着个空位就坐下了。多么巧，这一桌都是诗人！左旁是穆木天先生，右旁是锡金先生，再过去是宋元女士彭玲女士和蒋山青先生……一盘橘子已被抢完，我只好把酒壶夺过来。刚吃了两个菜，主席宣告，由我朗读大会宣言。王平陵先生不知上哪里去了。我就登了他的椅子，朗诵起来。没想到这么累得慌，读到一半，我已出了汗。幸而喝过两杯酒，还没落个后力不佳。读完归座，菜已吃空，未免伤心。

盛成先生朗读致全世界作家书的法文译文，读得真有工夫，博得几次的满堂彩。

一位难民不知怎的也坐在那里，他立起来自动的唱了个流亡曲，大家也报以掌声。他唱完，冯玉祥先生唱了个吃饭歌，词句好，声音大，大家更是高兴。老将军唱完，还敬大家一杯酒，他自己却不喝；烟酒是与他无缘的。紧跟着，我又去宣读告全世界作家的原稿，孙师毅先生朗读胡风先生起草的告日本文艺作家书，老向先生宣读慰劳最高领袖暨前线将士的电文。饭已吃完。

空袭警报！

早晨到会来时的那点不安，已因会场上与餐厅间的欢悦而忘掉。可是，到底未出所料，敌机果然来了。好像是暴敌必要在这群以笔为武器的战士们团集的时候，给予威吓，好使他们更坚决的抗日。日本军阀是那么愚蠢的东西呢？炮火屠杀只足以加强中华民族的团结与齐心呀！他们多放一个炸弹，我们便加强一份抗战的决心。感谢小鬼们！

紧急警报！

桌上的杯盘撤下去，大家又按原位坐好。主席上了椅子，讨论会章。正在讨论中，敌机到了上空，高射炮响成一片，震得窗子哗啦哗啦的响。还是讨论会章！

会章通过，适夷先生宣读提议案，一一通过，警报还未解除。进行选举。选举票收齐，主席宣布委托筹备委员检票，选举结果在次日报纸上披露。

警报解除，散会。

晚报上登出大会的盛况，也载着敌机轰炸徐家棚，死伤平民二百多！报仇吧！文艺界同人们怒吼吧！中华民族不得到解放，世界上便没有和平；成立大会是极圆满的开完了，努力进行该作的事吧！

总务组长

第一次理事会是在冯先生那里开的。会里没有钱，无法预备茶饭，所以大家硬派冯先生请客。冯先生非常的高兴，给大家预备了顶丰富、顶实惠的饮食。理事都到会，没有请假的。开会的时候，张善子画师“闻风而至”，愿作会员。大家告诉他：“这是文艺界协会，不是美术协会。”可是，他却另有个解释：“文艺就是文与艺术。”虽然这是个曲解，大家可不再好意思拒绝他，他就作了“文协”的会员。

后来，善子先生给我画了一张顶精致的扇面——秋山上立着一只工笔的黑虎。为这个扇面，我特意过江到荣宝斋，花了五元钱，配了一副扇骨。荣宝斋的人们也承认那是杰作。那一面，我求丰子恺给写了字。可惜，第一次拿出去，便丢失在洋车上，使我心中难过了好几天。

我被推举为常务理事，并须担任总务组组长。我愿作常务理事，而力辞总务组组长。“文协”的组织里，没有会长或理事长。在拟定章程的时候，大家愿意教它显出点民主的精神，所以只规定了常务理事分担各组组长，而不愿有个总头目。因此，总务组组长，事实上，就是对外的代表，和理事长差不多。我不愿负起这个重任。我知道自己在文艺界的资望既不够，而且没有办事的能力。

可是，大家无论如何不准我推辞，甚至有人声明，假若我辞总务，他们也就不干了。为怕弄成僵局，我只好点了头。

这一来不要紧，我可就年年的连任，整整作了七年。

上长沙或别处的计划，连想也不再想了。“文协”的事务把我困在了武汉。

“文协”七岁[1]

在我的眼睛里，“文协”有时候睡一会儿觉，而没有死过一回。

---

[1] 此处是老舍为“文协”成立七周年所作成果的总结。此外，还作有《会务报告》等多篇关于“文协”的珍贵史料。

当“文协”在武汉的时候，几乎每一位会员都详详细细的知道会中工作的日记，因为座谈会与茶会是那么多，人人都能听到会中昨天作了什么，和明天要作什么。那时候，会款差不多没有超出三百元过，可是工作的紧张倒好像我们开着一家银行似的。那时候，大家初次尝到团结的快乐，自然要各显身手，把精神、时间，与钱力，献出一些给团体。那时候，政府与民众团体之间有着密切的联系，所以大家喜欢作事，政府也愿给我们事作。那是些愉快的日子。

赶到“文协”迁来重庆，大家在精神上还是愉快的，可是工作就赶不上在武汉时节那么多了。一来是山城的交通不便，不像在武汉时彼此捎个口信便可以开会；二是物价渐渐的高涨，大家的口袋里不再像从前那么宽裕；于是，会务日记仿佛就只有理事们才知道，而会员们便不大关心它了。慢慢的，物价越来越高，会中越来越穷，而在团体的活动上又不能不抱着一动不如一静的态度，“文协”就每每打个小盹了。可是它并没有死。它的会刊时常脱期，而没有停刊。它还组织了前线访问团，并派代表参加前线慰劳团。每到“七七”，它必去献金——不管钱数多少，我们总愿尽心力而为之。它举行各样的座谈会，参加国民月会和种种的集会。它的会所依然是会员们的“娘家”。

它没有死，所以得到社会上的信任。它永远不故意惹是非，所以政府对它也愿时时予以提携援助。

去年，它发动了援助贫病作家基金的征募，没有怎样费力，它便得到了好几百万元。社会上看得起它。这笔钱有了极大的用处。有许多害病的会员，因得到助金而可以安心养病，有许多由湘桂流亡出来的会员，在半路上得到接济得以及早的来到四川或云南。有的会员来到重庆，“文协”因有了基金，所以能招待他们，给他们一些安慰。“文协”

或者可以不再打盹儿了。

“文协”自二十七年三月二十七日降生，到如今已经整整的活了七年。它的会刊，《抗战文艺》，自二十七年五月四日降生，到今天也整整的活了七年。七年虽短，可是以一个团体来说，以在抗战中种种的艰苦来说，这实在不能算是很容易的事，在这七年中，它听见过多少次炸弹的爆炸声音哪！

“文协”总会的穷而乐，睡而不死，也就影响到它的分会。虽然香港的、桂林的、曲江的、襄樊的分会都因军事的关系而结束，可是贵阳的，成都的，昆明的分会反而因此而更见活跃。以昆明分会来说，它曾有一个时期也打了盹。可是在近二年来，它又复兴起来，去年为贫病作家募集基金，它的成绩比重庆总会还好。于此，我不能不喊一声：“文协万岁”了！

·《抗战文艺》·

“文协”的“打炮”工作是刊行会刊。这又作得很快。大家凑了点钱，凑了点文章，就在五月四日发刊了《抗战文艺》。这个日子选得好。“五四”是新文艺的生日，现在又变成了《抗战文艺》的生日。新文艺假若是社会革命的武器，现在它变成了民族革命，抵御侵略的武器。

《抗战文艺》最初是三日刊。不行，这太紧促。于是，出到五期就改了周刊。最热心的是姚蓬子，适夷，孔罗荪，与锡金几位先生：他们昼夜的为它操作，奔忙。

会刊虽不很大，它却给文艺刊物开了个新纪元——它是全国写家的，而不是一个人或几个人的。积极的，它要在抗战的大前提下，容纳全体会员的作品，成为“文协”的一面鲜明的旗帜。消极的，它要尽量避免像战前刊物上一些彼此的口角与近乎恶意的批评。它要稳健，又要活泼；它要集思广益，还要不失了抗战的，一定的目标；它要抱定了抗战宣传的目的，还要维持住相当高的文艺水准。这不大容易作到。可是，它自始至终，没有改变了它的本来面目。始终没有一篇专为发泄自己感情，而不顾及大体的文章。

《抗战文艺》在武汉一共出了二十期。自十七期起，即在重庆复刊。这个变动的痕迹是可以由纸张上看出来的：前十六期及特刊四期都是用白报纸印的，自第十七期起，可就换用土纸了。

重庆的印刷条件不及武汉那么良好，纸张——虽然是土纸——也极缺乏。因此，在“文协”的周年纪念日起，会刊由周刊改为半月刊。后来，又改成了月刊。就是在改为月刊之后，它还有时候脱期。会中经费支绌与印刷太不方便是使它脱期的两个重要原因。但是，无论怎么困难，它始终没有停刊。它是“文协”的旗帜，会员们决不允许它倒了下去。

到了日本投降时，会刊出到了七十期。

我不惮繁琐的这么叙述“文协”会刊的历史，因为它实在是一部值得重视的文献。它不单刊露了战时的文艺创作，也发表了战时文艺的一切意见与讨论，并且报告了许多文艺者的活动。它是文，也是史。它将成为将来文学史上的一些最重要的资料。同时它也表现了一些特殊的精神，使读者看到作家们是怎样的在抗战中团结到一起，始终不懈的打着他们的大旗，向暴敌进攻。

在忙着办会刊而外，我们几乎每个星期都有座谈会联谊会。那真是快活的日子。多少相识与不相识的同道都成了朋友，在一块儿讨论抗战文艺的许多问题。开茶会呢，大家各自掏各自的茶资；会中穷得连“清茶恭候”也作不到呀。会后，刚刚得到了稿费的人，总是自动的请客，去喝酒，去吃便宜的饭食。在会所，在公园，在美的咖啡馆，在友人家里，在旅馆中，我们都开过会。假若遇到夜间空袭，我们便灭了灯，摸着黑儿谈下去。

这时候大家所谈的差不多集中在两个问题上：一个是如何教文艺下乡与入伍，一个是怎么使文艺效劳于抗战。前者是使大家开始注意到民间通俗文艺的原因；后者是在使大家于诗，小说，戏剧而外，更注意到朗诵诗，街头剧，及报告文学等新体裁。

但是，这种文艺通俗运动的结果，与其说是文艺真深入了民间与军队，倒不如说是文艺本身得到新的力量，并且产生了新的风格。文艺工作者只能负讨论，试作，与倡导的责任，而无法自己把作品送到民间与军队中去。这需要很大的经费与政治力量，而文艺家自己既找不到经费，又没有政治力量。这样，文艺家想到民间去，军队中去，都无从找到道路，也就只好写出民众读物，在报纸上刊物上发表发表而已。这是很可惜，与无可如何的事。

虽然我的一篇《抗战一年》鼓词，在“七七”周年纪念日，散发了一万多份；虽然何容与老向先生编的《抗到底》是专登载通俗文艺作品的刊物；虽然有人试将新写的通俗文艺也用木板刻出，好和《孟姜女》与《叹五更》什么的放在一处去卖；虽然不久教育部也设立了通俗读物编刊处；可是这个运动，在实施方面，总是枝枝节节没有风起云涌的现象。我知道，这些作品始终没有能到乡间与军队中去——谁出大量的金钱，一印就印五百万份？谁给它们运走？和准否大量的印，准否送到军民中间去？都没有解决。没有政治力量在它的后边，它只能成为一种文艺运动，一种没有什么实效的运动而已。

会员郁达夫与盛成先生到前线去慰劳军队。归来，他们报告给大家：前线上连报纸都看不到，不要说文艺书籍了。士兵们无可如何，只好到老百姓家里去借《三国演义》，与《施公案》一类的闲书。听到了这个，大家更愿意马上写出一些通俗的读物，先印一二百万份送到前线去。我们确是愿意写，可是印刷的经费，与输送的办法呢？没有人能回答。于是，大家只好干着急，而想不出办法来。

入　川

·空袭·

在武汉，我们都不大知道怕空袭。遇到夜袭，我们必定“登高一望”。探照灯把黑暗划开，几条银光在天上寻找。找到了，它们交叉在一处，照住那银亮的，几乎是透明的敌机。而后，红的黄的曳光弹打上去，高射炮紧跟着开了火。有声有色，真是壮观。

四月二十九与五月三十一日的两次大空战，我们都在高处看望。看着敌机被我机打伤，曳着黑烟逃窜，走着走着，一团红光，敌机打几个翻身，落了下去；有多么兴奋，痛快呀！一架敌机差不多就在我们的头上，被我们两架驱逐机截住，它就好像要孵窝的母鸡似的，有人捉它，它就爬下不动那样，老老实实的被击落。

可是，一进七月，空袭更凶了，而且没有了空战。在我的住处，有一个地洞，横着竖着，上下与四壁都用木柱密密的撑住，顶上堆着沙包。有一天，也就是下午两三点钟吧，空袭，我们入了这个地洞。敌机到了。一阵风，我们听到了飞沙走石；紧跟着，我们的洞就像一只小盒子被个巨人提起来，紧紧的乱摇似的，使我们眩晕。离洞有三丈吧，落了颗五百磅的炸弹，碎片打过来，把院中的一口大水缸打得粉碎。我们门外的一排贫民住房都被打垮，马路上还有两个大的弹坑。

我们没被打死，可是知道害怕了。再有空袭，我们就跑过铁路，到野地的荒草中藏起去。天热，草厚，没有风，等空袭解除了，我的袜子都被汗湿透。

不久，冯先生把我们送到汉口去。武昌已经被炸得不像样子了。千家街的福音堂中了两次弹。蛇山的山坡与山脚死了许多人。

·别武汉·

因为我是“文协”的总务主任，我想非到万不得已不离开汉口。我们还时常在友人家里开晚会，十回倒有八回遇上空袭，我们煮一壶茶，灭去灯光，在黑暗中一直谈到空袭解除。邵先生劝我们快走，他的理由是：“到了最紧急的时候，你们恐怕就弄不到船位，想走也走不脱了！”

这样，在七月三十日，我，何容，老向，与肖伯青（“文协”的干事），便带着“文协”的印鉴与零碎东西，辞别了武汉。只有友人白君和冯先生派来的副官，来送行。

船是一家中国的公司的，可插着意大利旗子。这是条设备齐全，而一切设备都不负责任的船。舱门有门轴，而关不上门；电扇不会转；衣钩掉了半截；什么东西都有，而全无用处。开水是在大木桶里。我亲眼看见一位江北娘姨把洗脚水用完，又倒在开水桶里！我开始拉痢。

一位军人，带着紧要公文，要在城陵矶下船。船上不答应在那里停泊。他耽误了军机，就碰死在绕锚绳的铁柱上！

船只到宜昌。我们下了旅馆。我继续拉痢。天天有空袭。在这里，等船的人很多，所以很热闹——是热闹，不是紧张。中国人仿佛不会紧张。这也许就是日本人侵华失败的原因之一吧？日本人不懂得中国人的“从容不迫”的道理。

我们求一位黄老翁给我们买票。他是一位极诚实坦白的人，在民生公司作事多年。他极愿帮我们的忙，可是连他也不住的抓脑袋。人多船少，他没法子临时给我们赶造出一只船来。等了一个星期，他算是给我们买了铺位——在甲板上。我们不挑剔地方，只要不叫我们浮着水走就好。

仿佛全宜昌的人都上了船似的。不要说甲板上，连烟囱下面还有几十个难童呢。开饭，昼夜的开饭。茶役端着饭穿梭似的走，把脚上的泥垢全印在我们的被上枕上。我必须到厕所去，但是在夜间三点钟，厕所外边还站着一排候补员呢！

三峡有多么值得看哪。可是，看不见。人太多了，若是都拥到船头上去观景，船必会插在江里，永远不再抬头。我只能侧目看下面，看到人头——头发很黑——在水里打旋儿。

·重庆·

八月十四，我们到了重庆。上了岸，我们一直奔了青年会去。会中的黄次咸与宋杰人两先生都欢迎我们，可是怎奈宿舍已告客满。这时候重庆已经来了许多公务人员和避难的人，旅馆都有人满之患。青年会宿舍呢，地方清静，床铺上没有臭虫，房价便宜，而且有已经打好了的地下防空洞，所以永远客满。我们下决心不去另找住处。我们知道，在会里——哪怕是地板呢——作候补，是最牢靠的办法。黄先生们想出来了一个办法，教我们暂住在机器房内。这是个收拾会中的器具的小机器房，很黑，响声很大。

天气还很热。重庆的热是出名的。我永远没睡过凉席，现在我没法不去买一张了。睡在凉席上，照旧汗出如雨。墙，桌椅，到处是烫的；人仿佛是在炉里。只有在一早四五点钟的时候。稍微凉一下，其余的时间全是在热气团里。城中树少而坡多，顶着毒花花的太阳，一会儿一爬坡，实在不是好玩的。

四川的东西可真便宜，一角钱买十个很大的烧饼，一个铜板买一束鲜桂圆。好吧，天虽热，而物价低，生活容易，我们的心中凉爽了一点。在青年会的小食堂里，我们花一二十个铜板就可以吃饱一顿。

“文协”的会友慢慢的都来到，我们在临江门租到了会所，开始办公。

我们的计划对了。不久，我们便由机器房里移到楼下一间光线不很好的屋里去。过些日子，又移到对门光线较好的一间屋中。最后，我们升到楼上去，屋子宽，光线好，开窗便看见大江与南山。何容先生与我各据一床。他编《抗到底》，我写我的文章。他每天是午前十一点左右才起来。我呢，到十一点左右已写完我一天该写的一二千字。写完，我去吃午饭。等我吃过午饭回来，他也出去吃东西，我正好睡午觉。晚饭，我们俩在一块儿吃。晚间，我睡得很早，他开始工作，一直到深夜。我们，这样，虽分住一间屋子，可是谁也不妨碍谁。赶到我们偶然都喝醉了的时候，才忘了这互不侵犯协定，而一齐吵嚷一回。

我开始正式的去和富少舫先生学大鼓书。好几个月，才学会了一段《白帝城》，腔调都摹拟刘（宝全）派。学会了这么几句，写鼓词就略有把握了。几年中，我写了许多段，可是只有几段被富先生们采用了：

《新拴娃娃》（内容是救济难童），富先生唱。

《文盲自叹》（内容是扫除文盲），富先生唱。

《陪都巡礼》（内容是赞美重庆），富贵花小姐唱。

《王小赶驴》（内容是乡民抗敌），董莲枝女士唱。

以上四段，时常在陪都演唱。我也开始写旧剧剧本——用旧剧的形式写抗战的故事。

这时候，我还为《抗到底》写长篇小说——《蜕》。这篇东西没能写完。《抗到底》后来停刊了，我就没再往下写。

转过年来，二十八年之春，我开始学写话剧剧本。对戏剧，我是十成十的外行，根本不晓得小说与剧本有什么分别。不过，和戏剧界的朋友有了来往，看他们写剧，导剧，演剧，很好玩，我也就见猎心喜，决定瞎碰一碰。好在，什么事情莫不是由试验而走到成功呢。我开始写《残雾》。

五三、五四敌机狂炸重庆。投的是燃烧弹——不为炸军事目标，而是蓄意要毁灭重庆，造成恐怖。

前几天，我在公共防空洞里几乎憋死。人多，天热，空袭的时间长，洞中的空气不够用了。五三、五四我可是都在青年会里，所以没受到什么委屈。五四最糟，警报器因发生障碍，不十分响；没有人准知道是否有了空袭，所以敌机到了头上，人们还在街上游逛呢。火，四面八方全是火，人死得很多。我在夜里跑到冯先生那里去，因为青年会附近全是火场，我怕被火围住。彻夜，人们像流水一般，往城外搬。

经过这个大难，“文协”会所暂时移到南温泉去，和张恨水先生为邻。我也去住了几天。

·《残雾》与剑北行·

三九年初夏，“文协”得到战地党政工作委员会的资助，派出去战地访问团，以王礼锡先生为团长，宋之的先生为副团长，率领罗烽，白朗，葛一虹等十来位先生，到华北战地去访问抗战将士。

同时，慰劳总会组织南北两慰劳团，函请“文协”派员参加。理事会决议：推举姚蓬子，陆晶清两先生参加南团，我自己参加北团。

“文协”为筹点款而想演戏。大家说，这次写个讽刺剧吧，换换口味。谁写呢？大家看我。并不是因为我会写剧本，而是因为或者我会讽刺。我觉得，第一，义不容辞；第二，拼命试写一次也不无好处。不晓得一位作家须要几分天才，几分功力。我只晓得努力必定没错。于是，我答应了半个月交出一本四幕剧来。虽然没写过剧本，可是听说过一个完好的剧本须要花两年的工夫写成。我要只用半个月，太不知好歹。不过，也有原因，“文协”愿将此剧在五月里演出，故非快不可。再说，有写剧与演戏经验的朋友们，如应云卫、章泯、宋之的、赵清阁、周伯勋诸先生都答应给我出主意，并改正。我就放大了胆，每天平均要写出三千多字来。“五四”大轰炸那天，我把它写完。

人心慢慢的安定了，我回渝筹备慰劳团与访问团出发的事情。我买了两身灰布的中山装，准备远行。

“文协”当然不会给我盘缠钱，我便提了个小铺盖卷，带了自己的几块钱，北去远征。

在起身以前，《残雾》没加修改，便交王平陵先生去发表。我走了半年。等我回来，《残雾》已上演过了，很成功。导演是马彦祥先生，演员有舒绣文，吴茵，孙坚白，周伯勋诸位先生。可惜，我没有看见。

慰劳团先到西安，而后绕过潼关，到洛阳。由洛阳到襄樊老河口，而后出武关再到西安。由西安奔兰州，由兰州到榆林，而后到青海，绥远，宁夏，兴集，一共走了五个多月，两万多里。

这次长征的所见所闻，都记在《剑北篇》里——一部没有写完，而且不大像样的，长诗。在陕州，我几乎被炸死。在兴集，我差一点被山洪冲了走。这些危险与兴奋，都记在《剑北篇》里。

·《剑北篇》·

二十八，二十九，三十，这三年，日本费尽心机，用各种花样来轰炸。

我在夏天可必须离开重庆，因为在防空洞里我没法子写作。于是，一到雾季过去，我就须预备下乡，而冯先生总派人来迎接："上我这儿来吧，城里没法子写东西呀！"二十九年夏天，我住在陈家桥冯公馆的花园里。园里只有两间茅屋，归我独住。屋外有很多的树木，树上时时有各种的鸟儿为我——也许为它们自己——唱歌。我在这里写《剑北篇》。

我没有什么了不起的天才，但对文艺的各种形式都愿试一试。小说，试过了，没有什么惊人的成绩。话剧，在抗战中才敢试一试，全无是处。通俗的鼓词与剧本，也试写过一些，感到十分的难写，除了得到"俗更难"一点真经验与教训外，别无可述。现在，我又搬起分量最重的东西来了——诗！我作过旧诗，不怎么高明，可是觉得怪有趣，而且格式管束着，也并不很难凑起那么一首两首的。志在多多学习，现在我要作的是新诗。新诗可真难：没有格式管着，我写着写着便失去自信，不由的向自己发问，这是诗吗？其次，我要写得俗，而没有地方去找到那么多有诗意的俗字，于是一来二去就变成“旧诗新写”或“中菜西吃”了。还有，一方面我找不到够用的有诗意的俗字，另一方面在描写风景事物的时候我又不能把自幼儿种下的审美观念一扫而光；我不能强迫自己变成洋人，不但眼珠是绿的，而且把红花也看成绿花！最后，新诗要韵不要，本不成为问题；我自己这回可是决定要韵（事实上是“辙”），而且仿照比较严整的鼓词用韵的办法，每行都用韵，以求读诵时响亮好听。这简直是跟自己过不去！韵不难找，贵在自然，也不知怎么越要自然，便越费力气！

有上述的困难，本来已当知难而退；却偏不！不但不退，而且想写成一万行！扯下脸硬干并不算勇敢；再说，文艺贵精不贵多，臭的东西越多就越臭，我晓得。不过，我所要写的是游记，断非三言两语所能道尽，故须长到万行。这里，倒没有什么中国长诗甚少，故宜试作；或按照什么理论，非长不可；而纯粹出于要把长途旅行的见闻作成“有诗为证”。那么，也许有人要问：为什么不用散文写呢？回答是：行旅匆匆，未能作到每事必问，所以不敢一板一眼地细写。我所得的只是一些印象，以诗写出，或者较为合适。

时写时停，一年的工夫仅成二十七段，共三千行。所以余的材料，仅足再写十余段的，或可共得六千行。因句句有韵的关系，六千行中颇有长句，若拆散了从新排列，亦可足万行之数。

一九四一年春初，因贫血，患头昏病，一切工作都停顿下来。

头昏病好了以后，本想继续写诗，可是身体亏弱，写诗又极费力气，于是就含着泪把稿子放在一旁，不敢再正眼去看。停搁得久了心气越发壮不起来，乃终于落了个没有恒心毅力——一个写家须有像蚕一般的巧妙，吐出可以织成绸缎的丝来，同时，还须有和牛一样壮实的身体呀！到一九四一年年底，眼看把全诗写成是无望了，遂含羞带愧的把已成的二十八段交文奖会刊印成册。何时能将全诗补成，简直不敢说了！[1]

[1] 最终也未能补写成全。

滇行与青蓉行[1]

·滇行·

三十年夏，罗莘田先生来到重庆。因他的介绍，我认识了清华大学校长梅贻琦先生，梅先生听到我的病与生活状况，决定约我到昆明去住些日子。昆明的天气好，又有我许多老友，我很愿意去。在八月下旬，我同莘田搭机，三个钟头便到了昆明。

我很喜爱成都，因为它有许多地方像北平。不过，论天气，论风景，论建筑，昆明比成都还更好。我喜欢那比什刹海更美丽的翠湖，更喜欢昆明湖——那真是湖，不是小小的一汪水，像北平万寿山下的人造的那个。土是红的，松是绿的，天是蓝的，昆明的城外到处像油画。

更使我高兴的，是遇见那么多的老朋友。杨今甫大哥的背有点驼

---

[1] 老舍在游记《滇行短记》中详细记载了此行。

了，却还是那样风流儒雅。他请不起我吃饭，可是也还烤几罐土茶，围着炭盆，一谈就和我谈几点钟。罗膺中兄也显着老，而且极穷，但是也还给我包饺子，煮俄国菜汤吃。郑毅生，陈雪屏，冯友兰，冯至，陈梦家，沈从文，章川岛，段喆人，闻一多，萧涤非，彭啸咸，查良钊，徐旭生，钱端升诸先生都见到，或约我吃饭，或陪我游山逛景。这真是快乐的日子。在城中，我讲演了六次；虽然没有什么好听，听众倒还不少。在城中住腻，便同莘田下乡。提着小包，顺着河堤慢慢的走，风景既像江南，又非江南；有点像北方，又不完全像北方；使人快活，仿佛是置身于一种晴朗的梦境，江南与北方混在一起而还很调谐的，只有在梦中才会偶尔看到的境界。

在乡下，我写完了《大地龙蛇》剧本。这是受东方文化协会的委托，而始终未曾演出过的，不怎么高明的一本剧本。

认识一位新朋友——查阜西先生。这是个最爽真，热情，多才多艺的朋友。他听我有愿看看大理的意思，就马上决定陪我去。几天的工夫，他便交涉好，我们作两部运货到畹町的卡车的高等黄鱼。所谓高等黄鱼者，就是第一不要出钱，第二坐司机台，第三司机师倒还请我们吃酒吃烟——这当然不在协定之内，而是在路上他们自动这样作的。两位司机师都是北方人。在开车之前他们就请我们吃了一桌酒席！后来，有一位摔死在澜沧江上，我写了一篇小文悼念他。[1]

到大理，我们没有停住，马上奔了喜洲镇去。大理没有什么可看的，不过有一条长街，许多卖大理石的铺子而已。它的城外，有苍山洱海，才是值得看的地方。到喜洲镇去的路上，左是高山，右是洱海，真

[1] 此处指的是《悼赵玉山司机师》一文。

是置身图画中。喜洲镇，虽然是个小镇子，却有宫殿似的建筑，小街左右都流着清清的活水。华中大学由武昌移到这里来，我又找到游泽丞教授。他和包漠庄教授，李何林教授，陪着我们游山泛水。这真是个美丽的地方，而且在赶集的时候，能看到许多夷民。

极高兴的玩了几天，吃了不知多少条鱼，喝了许多的酒，看了些古迹，并对学生们讲演了两三次，我们依依不舍的道谢告辞。在回程中，我们住在了下关等车。在等车之际，有好几位回教朋友来看我，因为他们演过《国家至上》。查阜西先生这回大显身手，居然借到了小汽车，一天便可以赶到昆明。

在昆明过了八月节，我飞回了重庆来。

·青蓉行·

一九四二年八月初，陈家桥一带的土井已都干得滴水皆无。要水，须到小河湾里去“挖”。天既奇暑，又没水喝，不免有些着慌了。很想上缙云山上去“避难”，可是据说山上也缺水。正在这样计无从出的时候，冯焕章先生来约同去灌县与青城。这真是福自天来了！

八月九日晨出发。同行者还有赖亚力与王冶秋二先生，都是老友，路上颇不寂寞。在来凤驿遇见一阵暴雨，把行李打湿了一点，临时买了一张席子遮在车上。打过尖，雨已晴，一路平安的到了内江。内江比二三年前热闹得多了，银行和饭馆都新增了许多家。傍晚，街上挤满了人和车。次晨七时又出发，在简阳吃午饭。下午四时便到了成都。天热，又因明晨即赴灌县，所以没有出去游玩。夜间下了一阵雨。

十一日早六时向灌县出发，车行甚缓，因为路上有许多小渠。路的两旁都有浅渠，流着清水；渠旁便是稻田：田埂上往往种着薏米，一穗穗的垂着绿珠。往西望，可以看见雪山。近处的山峰碧绿，远处的山峰雪白，在晨光下，绿的变为明翠，白的略带些玫瑰色，使人想一下子飞到那高远的地方去。还不到八时，便到了灌县。城不大，而处处是水，像一位身小而多乳的母亲，滋养着川西坝子的十好几县。住在任觉五先生的家中。孤零零的一所小洋房，两面都是雪浪激流的河，把房子围住，门前终日几乎没有一个行人，除了水声也没有别的声音。门外有些静静的稻田，稻子都有一人来高。远望便见到大面青城雪山，都是绿的。院中有一小盆兰花，时时放出香味。

青年团正在此举行夏令营，一共有千名以上的男女学生，所以街上特别显着风光。学生和职员都穿汗衫短裤（女的穿短裙），赤脚着草鞋，背负大草帽，非常的精神。张文白将军与易君左先生都来看我们，也都是“短打扮”，也就都显得年轻了好多。夏令营本部在公园内，新盖的礼堂，新修的游泳池；原有一块不小的空场，即作为运动和练习骑马的地方。女学生也练习马术，结队穿过街市的时候，使居民们都吐吐舌头。

灌县的水利是世界闻名的。在公园后面的一座大桥上，便可以看到滚滚的雪水从离堆流进来。在古代，山上的大量雪水流下来，非河身所能容纳，故时有水患。后来，李冰父子把小山硬凿开一块，水乃分流——离堆便在凿开的那个缝子的旁边。从此双江分灌，到处划渠，遂使川西平原的十四五县成为最富庶的区域——只要灌县的都江堰一放水，这十几县便都不下雨也有用不完的水了。城外小山上有二王庙，供养的便是李冰父子。在庙中高处可以看见都江堰的全景。在两江未分的地方，有驰名的竹索桥。距桥不远，设有鱼嘴，使流水分家，而后一江外行，一江入离堆，是为内外江。到冬天，在鱼嘴下设阻碍，把水截住，则内江干涸，可以淘滩。春来，撤去阻碍，又复成河。据说，每到春季开水的时候，有多少万人来看热闹。在二王庙的墙上，刻着古来治水的格言，如深淘滩，低作堰……等。细细玩味这些格言，再看着江堰上那些实际的设施，便可以看出来，治水的决窍只有一个字——“软”。水本力猛，遇阻则激而决溃，所以应低作堰，使之轻轻漫过，不至出险。水本急流而下，波涛汹涌，故中设鱼嘴，使分为二，以减其力；分而又分，江乃成渠，力量分散，就有益而无损了。作堰的东西只是用竹编的篮子，盛上大石卵。竹有弹性，而石卵是活动的，都可以用“四两破千斤”的劲儿对付那惊涛骇浪。用分化与软化对付无情的急流，水便老实起来，乖乖的为人们灌田了。

竹索桥最有趣。两排木柱，柱上有四五道竹索子，形成一条窄胡同儿。下面再用竹索把木板编在一处，便成了一座悬空的，随风摇动的，大桥。我在桥上走了走，虽然桥身有点动摇，虽然木板没有编紧，还看得到下面的急流，——看久了当然发晕——可是绝无危险，并不十分难走。

治水和修构竹索桥的方法，我想，不定是经过多少年代的试验与失败，而后才得到成功的。而所谓文明者，我想，也不过就是能用尽心智去解决切身的问题而已。假若不去下一番功夫，而任着水去泛滥，或任着某种自然势力兴灾作祸，则人类必始终是穴居野处，自生自灭，以至灭亡。看到都江堰的水利与竹索桥，我们知道我们的祖先确有不甘屈服而苦心焦虑的去克服困难的精神。可是，在今天，我们还时时听到看到各处不是闹旱便是闹水，甚至于一些蝗虫也能教我们去吃树皮草根。可怜，也可耻呀！我们连切身的衣食问题都不去设法解决，还谈什么文明与文化呢?

灌县城不大，可是东西很多。在街上，随处可以看到各种的水果，都好看好吃。在此处，我看到最大的鸡卵与大蒜大豆。鸡蛋虽然已卖到一元二角一个，可是这一个实在比别处的大着一倍呀。雪山的大豆要比胡豆还大。雪白发光，看着便可爱！药材很多，在随便的一家小药店里，便可以看到雷震子，贝母，虫草，熊胆，麝香，和多少说不上名儿来的药物。看到这些东西，使人想到西边的山地与草原里去看一看。啊，要能到山中去割几脐麝香，打几匹大熊，够多威武而有趣呀!

物产虽多，此地的物价可也很高。只有吃茶便宜，城里五角一碗，城外三角，再远一点就卖二角了。青城山出茶，而遍地是水，故应如此。等我练好辟谷的功夫，我一定要搬到这一带来住，不吃什么，只喝两碗茶，或者每天只写二百字就够生活的了。

在灌县住了十天。才到青城山去。山在县城西南，约四十里。一路上，渠溪很多，有的浑黄，有的清碧：浑黄的大概是上流刚下了大雨。溪岸上往往有些野花，在树荫下幽闲的开着。山口外有长生观，今为荫堂中学校舍；秋后，黄碧野先生即在此教书。入了山，头一座庙是建福宫，没有什么可看的。由此拾阶而前，行五里，为天师洞——我们即住于此。由天师洞再往上走，约三四里，即到上清宫。天师洞上清宫是山中两大寺院，都招待游客，食宿概有定价，且甚公道。

从我自己的一点点旅行经验中，我得到一个游山玩水的诀窍：“风景好的地方，虽然古迹，也值得来，风景不好的地方，纵有古迹，大可以不去。”古迹，十之八九，是会使人失望的。以上清宫和天师洞两大道院来说吧，它们都有些古迹，而一无足观。上清宫里有鸳鸯井，也不过是一井而有二口，一方一圆，一干一湿；看它不看，毫无关系。还有麻姑池，不过是一小方池浊水而已。天师洞里也有这类的东西，比如洗心池吧，不过是很小的一个水池；降魔石呢，原是由山崖裂开的一块石头，而硬说是被张天师用剑劈开的。假若没有这些古迹，这两座庙子的优美自然一点也不减少。上清宫在山头，可以东望平原，青碧千顷；山是青的，地也是青的，好像山上的滴翠慢慢流到人间去了的样子。在此，早晨可以看日出，晚间可以看圣灯；就是白天没有什么特景可观的时候，登高远眺，也足以使人心旷神怡。天师洞，与上清宫相反，是藏在山腰里，四面都被青山环抱着，掩护着，我想把它叫作“抱翠洞”，也许比原名更好一些。

不过，不管庙宇如何，假若山林无可观，就没有多大意思，因为庙以庄严整齐为主，成不了什么很好的景致。青城之值得一游，正在乎山的本身也好；即使它无一古迹，无大寺，它还是值得一看的名山。山的东面倾斜，所以长满了树木，这占了一个“青”字。山的西面，全是峭壁千丈，如城垣，这占了一个“城”字。山不厚，由“青”的这一头转到“城”的那一面，只须走几里路便够了。山也不算高。山脚至顶不过十里路。既不厚，又不高，按说就必平平无奇了。但是不然。它“青”，青得出奇，它不像深山老峪中那种老松凝碧的深绿，也不像北方山上的那种东一块西一块的绿，它的青色是包住了全山，没有露着山骨的地方；而且，这个笼罩全山的青色是竹叶，楠叶的嫩绿，是一种要滴落的，有些光泽的，要浮动的，淡绿。这个青色使人心中轻快，可是不敢高声呼唤，仿佛怕把那似滴未滴，欲动未动的青翠惊坏了似的。这个青色是使人吸到心中去的，而不是只看一眼，夸赞一声便完事的。当这个青色在你周围，你便觉出一种恬静，一种说不出，也无须说出的舒适。

假若你非去形容一下不可呢，你自然的只会找到一个字——幽。所以吴稚晖先生说："青城天下幽"。幽得太厉害了，便使人生畏；青城山却正好不太高，不太深，而恰恰不大不小的使人既不畏其旷，也不嫌它窄；它令人能体会到"悠然见南山"的那个"悠然"。

山中有报更鸟，每到晚间，即梆梆的呼叫，和柝声极相似，据道人说，此鸟不多，且永不出山。那天，寺中来了一队人，拿着好几枝猎枪，我很为那几只会击柝的小鸟儿担心，这种鸟儿有个缺欠，即只能打三更——梆，梆梆——无论是傍晚还是深夜，它们老这么叫三下。假若能给它们一点训练，教它们能从一更报到五更，有多么好玩呢！

白日游山，夜晚听报更鸟，"悠悠"的就过了十几天。寺中的桂花开始放香，我们恋恋不舍的离别了道人们。

返灌县城，只留一夜，即回成都。过郫县，我们去看了看望丛祠；没有什么好看的，地方可是很清幽，王法勤委员即葬于此。

成都的地方大，人又多，若把半个多月的旅记都抄写下来，未免太麻烦了。拣几项来随便谈谈吧。

（一）成都"文协"分会：自从川大迁开，成都"文协"分会因短少了不少会员，会务曾经有过一个时期不大旺炽。此次过蓉，分会全体会员举行茶会招待，到会的也还有四十多人，并不太少。会刊——《笔阵》——也由几小页扩充到好几十页的月刊，虽然月间经费不过才有百元钱。这样的努力，不能不令人钦佩！可惜，开会时没有见到李劼人先生，他上了乐山。《笔阵》所用的纸张，据说，是李先生设法给捐来的；大家都很感激他；有了纸，别的就容易办得多了。会上，也没见到圣陶先生，可是过了两天，在开明分店见到。他的精神很好，只是白发已满了头。他的少爷们，他告诉我，已写了许多篇小品文，预备出个集子，想找我作序，多么有趣的事啊！郭子杰先生陶雄先生都约我吃饭，牧野先生陪着我游看各处，还有陈翔鹤，车瘦舟诸先生约我聚餐——当然不准我出钱——都在此致谢。瞿冰森先生和中央日报的同仁约我吃真正的成都味的酒席，更是感激不尽。

（二）看戏：吴先忧先生请我看了川剧，及贾瞎子的竹琴，德娃子的洋琴，这是此次过蓉最快意的事。成都的川剧比重庆的好得多，况且我们又看的是贾佩之，肖楷成，周慕莲，周企何几位名手，就更觉得出色了。不过，最使我满意的，倒还是贾瞎子的竹琴。乐器只有一鼓一板，腔调又是那么简单，可是他唱起来仿佛每一个字都有些魔力，他越收敛，听者越注意静听，及至他一放音，台下便没法不喝彩了。他的每一个字像一个轻打梨花的雨点，圆润轻柔；每一句是有声有色的一小单位；真是字字有力，句句含情。故事中有多少人，他要学多少人，忽而大嗓，忽而细嗓，而且不只变嗓，还要咬音吐字各尽其情；这真是点本领！希望再有上成都去的机会。多听他几次！

（三）看书：在蓉，住在老友侯宝璋大夫家里。虽是大夫，他却极喜爱字画，有几块闲钱，他便去买破的字画；这样，慢慢的他已收集了不少四川先贤的手迹。这样，他也就与西玉龙街一带的古玩铺及旧书店都熟识了。他带我去游玩，总是到这些旧纸堆中来。成都比重庆有趣就在这里——有旧书摊儿可逛。买不买的且不去管，就是多摸一摸旧纸陈篇也是快事啊。真的，我什么也没买，书价太高。可是，饱了眼福也就不虚此行。一般的说，成都的日用品比重庆的便宜一点，因为成都的手工业相当的发达，出品既多，同业的又多在同一条街上售货，价格当然稳定一些。鞋、袜、牙刷、纸张什么的，我看出来，都比重庆的相因着不少。旧书虽贵，大概也比重庆的便宜，假若能来往贩卖，也许是个赚钱的生意。不过，我既没发财的志愿，也就不便多此一举，虽然贩卖旧书之举也许是俗不伤雅的吧。

（四）归来：因下雨，过至中秋前一日才动身返渝。中秋日下午五时到陈家桥，天还阴着。夜间没有月光，马马虎虎的也就忘了过节。这样也好，省得看月思乡，又是一番难过！

还是写作

·旧诗与贫血·

雾季又到，回教协会邀我和宋之的先生合写以回教为主题的话剧。我们就写了《国家至上》。这剧本，在重庆，成都，昆明，大理，香港，桂林，兰州，恩施，都上演过。它是抗战文艺中一个成功的作品。因写这剧本，我结识了许多回教的朋友。有朋友，就不怕穷。我穷，我的生活不安定，可是我并不寂寞。

二十九年冬，因赶写《面子问题》剧本，我开始患头晕。生活苦了，营养不足，又加上爱喝两杯酒，遂患贫血。贫血遇上努力工作，就害头晕——一低头就天旋地转，只好静卧。这个病，至今还没好，每年必犯一两次。病一到，即须卧倒，工作完全停顿！着急，但毫无办法。有人说，我的作品没有战前的那样好了。我不否认。想想看，抗战中，我是到处流浪，没有一定的住处，没有适当的饭食，而且时时有晕倒的危险，我怎能写出字字珠玑的东西来呢?

在过去的二年里，有两桩事仿佛已在我的生活中占据了地位：一桩是夏天必作几首旧诗，另一桩是冬天必患头晕。

对于旧诗，我并没有下过多少工夫，所以非到极闲在的时节，决不动它。所谓“极闲在”者，是把游山玩水的时候也除外，因为在山水之间游耍，腿脚要动，眼睛要看，心中要欣赏，虽然没有冗屑缠绕，到底不像北窗高卧那样连梦也懒得作。况且，名山大川与古迹名胜，已经被古人谀赞过不知多少次，添上自己一首半首不甚像样子的诗，只是献丑而已，大可以不必多此一举。赶到心中真有所感而诗兴大发了，我也是去诌几行白话诗，即使不能道前人之所未道，到底在形式上言语上还可以不落旧套，写在纸上或野店的泥壁上多少另有点味道。这样的连在山水之间都不大作旧诗，手与心便无法不越来越钝涩，渐渐的仿佛把平仄也分不清楚了似的。

可是，在过去的二年中，我似乎添了个“旧诗季节”。这是在夏天。两年来，身体总是时常出毛病，不知哪时就抛了锚，所以一入夏便到乡间去住，以避城市的忙乱，庶几可以养心。四川的乡间，不像北方的村庄那样二三百户住在一处，而只是三五人家，连个卖酒的小铺也找不到。要去赶场，才能买到花生米，而场之所在往往是十里以外。要看朋友，也往往须走十里八里。农家男女都有他们自己的工作与生活，可是外人插不进手去：看他们插秧，放牛，拔草，种菜，说笑，只是“看”着而已。有时候，从朝至夕没地方去说一句话！按说，在这个环境下，就应当埋头写作，足不出户了。但是不行。我是来养心，不是来拼命。即使天天要干活，也必须有个一定的限制，一天只写，比如说，一千字；不敢贪多。这样，写完了这一千字或五百字，便心无一事，只等日落就寝。到晚间，连个鬼也看不见。在这时节，我的确是“极”闲在了。

人是奇怪的东西，太忙了不好，太闲了也不好。当我完全无事作的时候，身体虽然闲在，脑子却不能像石头那样安静。眼前的山水竹树与草舍茅亭都好像逼着我说些什么；在我还没有任何具体的表示的时候，我的口中已然哼哼起来。哼的不是歌曲或文章，而是一种有腔无字的诗。我不能停止在这里，哼着哼着便不由的去想些词字，把那空的腔调填补起来；结果，便成了诗，旧诗。去夏我作了十几首，有相当好的，也有完全要不得的。今年夏天，又作了十几首，差不多没有一首像样儿的。我只是那么哼，哼出字来便写在纸上，并不拧着眉毛去推敲，因为这本是一时的兴之所至，够自己哼哼着玩的使已满意，故无须死下工夫也。兹将村居四首写录出来，并无“此为样本”的意思，不过是多少也算生活上的一点微痕而已：

茅屋风来夏似秋，日长竹影引清幽。
山前林木层层隐，雨后溪沟处处流。
偶得新诗书细字，每赊村酒润闲秋。
中年喜静非全懒，坐待鹃声午夜收。

半老无官诚快事，文章为命酒为魂。
深情每视花长好，浅醉唯知诗至尊！
送雨风来吟柳岸，借书人去掩柴门。
庄生蝴蝶原游戏，茅屋孤灯照梦痕。

中年无望返青春，且作江湖流浪人。
贫未亏心眉不锁，钱多买酒友相亲。
文惊俗子千铢贵，诗写幽情半日新。
若许太平鱼米贱，乾坤为宅置闲身。

历世于今五九年，愿尝死味懒修仙。
一张苦脸唾犹笑，半老白痴醉且眠。
每到艰危诗入蜀，略知离乱命由天。
若应啼泪须加罪，敢盼来生代杜鹃！

夏天，能够住在有竹林的乡间，喝两杯白干，诹几句旧诗，不论怎么说，总算说得过来。一到冬天，在过去的两年里，可就不这么乐观了。冬天，我总住在城里。人多，空气坏，饮食欠佳，一面要写文卖钱，一面还要办理大家委托的事情；于是，由忙而疲，由疲而病；平价米的一些养份显然是不够支持这部原本不强健的躯体的。一病倒，诸事搁浅；以吃药与静卧代替了写作与奔走。用不着着急生气呀，病魔是立意要折磨人的，并不怕我们向它恫吓与示威啊。病，客观的来说，会使人多一些养气的工夫。它用折磨，苦痛，挑动你，压迫你；你可千万别生气，别动肝火，那样一来，病便由小而大，由大而重，甚至带着你的生命凯歌而归。顶好，不抵抗，逆来顺受，使它无可如何。多咱它含羞而退，你便胜利了。就是这样，我总是慢慢的把病魔敷衍走；大半已是春天了。春残夏到，我便又下了乡，留着神，试着步，天天写一点点文章；闲来无事便哼一半首诗。

·四大皆空·

“七七”抗战后，我由济南逃出来。北平又像庚子那年似的被鬼子占据了。可是母亲日夜惦念的幼子却跑西南来。母亲怎样想念我，我可以想象得到，可是我不能回去。每逢接到家信，我总不敢马上拆看，我怕，怕，怕，怕有那不祥的消息。人，即使活到八九十岁，有母亲便可以多少还有点孩子气。失了慈母便像花插在瓶子里，虽然还有色有香，却失去了根。有母亲的人，心里是安定的。我怕，怕，怕家信中带来不好的消息，告诉我已是失了根的花草。

去年一年，我在家信中找不到关于老母的起居情况。我疑虑，害怕。我想象得到，若有不幸，家中念我流亡孤苦，或不忍相告。母亲的生日是在九月，我在八月半写去祝寿的信，算计着会在寿日之前到达。信中嘱咐千万把寿日的详情写来，使我不再疑虑。十二月二十六日，由文化劳军的大会上回来，我接到家信。我不敢拆读。就寝前，我拆开信，母亲已去世一年了！

几天，我不能工作。因为我要作写家，所以苦了老母，她可是永没有说过一句怨言。她不识字，每当我回家的时候，她可是总含笑的问：“又写书哪？”这是最伟大的鼓励，她情愿受苦，决不拦阻儿子写书！

生命是母亲给我的。我之能长大成人，是母亲的血汗灌养的。我之能成为一个不十分坏的人，是母亲感化的。我的性格，习惯，是母亲传给的。她一世未曾享过一天福，临死还吃的是粗粮。唉！还说什么呢？心痛！心痛！

我到成都，见到齐大的老友们。他们说：齐大在济南的校舍已完全被敌人占据，大家的一切东西都被劫一空，连校园内的青草也被敌马啮光了。

好，除了我、妻、儿女，五条命以外，什么也没有了！而这五条命能否有足够维持的衣食，不至于饿死，还不敢肯定的说。她们的命短呢，她们死；我该归阴呢，我死。反正不能因为穷困死亡而失了气节！因爱国，因爱气节，而稍微狠点心，恐怕是有可原谅的吧？

器物现金算得了什么呢？将来再买再挣就是了！呕，恐怕经了这次教训，就永不购置像样儿的东西，以免患得患失，也不会再攒钱，即使是子女的教育费。我想，在抗战胜利以后，有了钱便去旅行，多认识认识国内名山大川，或者比买了东西更有意义。至于书籍，虽然是最喜爱的东西，也不应再自己收藏，而是理应放在公众图书馆里的。

“文牛”与“愚人”

·文牛·

这时候，我已移住白象街新蜀报馆。青年会被炸了一部分，宿舍已不再办。

夏天，我下乡，或去流荡；冬天便回到新蜀报馆，一面写文章，一面办理“文协”的事。“文协”也找到了新会所，在张家花园。

物价像发疯似的往上涨。文人们的生活都非常的困难。我们已不能时常在一处吃饭喝酒了，因为大家的口袋里都是空空的。“文协”呢有许多会员到桂林和香港去，人少钱少，也就显着冷落。可是，在重庆的几个人照常的热心办事，不肯教它寂寂的死去。办事很困难，只要我们动一动，外边就有谣言，每每还遭受了打击。我们可是不灰心，也不抱怨。我们诸事谨慎，处处留神。为了抗战，我们甘心忍受一切的委屈。

我的身体也越来越坏，本来就贫血，又加上时常“打摆子”（川语，管疟疾叫打摆子），所以头晕病更加重了。不留神，猛一抬头，或猛一低头，跟前就黑那么一下，老使人有“又要停电”之感！每天早上，总盼着头不大昏，幸而真的比较清爽，我就赶快的高高兴兴去研墨，期望今天一下子能写出两三千字来。墨研好了，笔也拿在手中，也不知怎么的，头中轰的一下，生命成了空白，什么也没有了，除了一点轻微的嗡嗡的响声。这一阵好容易过去了，脑中开始抽着疼，心中烦躁得要狂喊几声！只好把笔放下——文人缴械！一天如此，两天如此，忍心的，耐性的敷衍自己：“明天会好些的！”第三天还是如此，我开始觉得：“我完了！”放下笔，我不会干别的！是的，我晓得我应当休息，并且应当吃点补血的东西——豆腐、猪肝、猪脑、菠菜、红萝卜等。但是，这年月谁休息得起呢？紧写慢写还写不出香烟钱怎敢休息呢？至于补品，猪肝岂是好惹的东西，而豆腐又一见双眉紧皱，就是菠菜也不便宜啊。如此说来，理应赶快服点药，使身体从速好起来。可是西药贵如金，而中药又无特效。怎办呢？到了这般地步，我不能不后悔当初为什么单单选择这一门职业了！唱须生的倒了嗓子，唱花旦的损了面容，大概都会明白我的苦痛：这苦痛是来自希望与失望的相触，天天希望，天天失望，而生命就那么一天天的白白的摆过去，摆向绝望与毁灭！

最痛苦是接到朋友征稿的函信的时节。

朋友不仅拿你当作个友人，而且是认为你是会写点什么的人。可是，你须向友人们道歉；你还是你，你也已经不是你——你已不能够作了！

吃的是草，挤出的是牛奶；可是，文人的身体并不和牛一样壮，怎办呢？

不过，头晕并没完全阻止了我的写作。只要能挣扎着起床，我便拿起笔来，等头晕得不能坐立，再把它放下。就是在这么挣扎的情形下，八年中我写了：

鼓词，十来段。旧剧，四五出。话剧，八本。短篇小说，六七篇。长篇小说，三部。长诗，一部。此外还有许多篇杂文。

这点成绩，由质上量上说都没有什么了不起。不过，把病痛，困苦，与生活不安定，都加在里面，即使其中并无佳作，到底可以见出一点努力的痕迹来了。

·愚人·

书虽出了不少，而钱并没拿到几个。战前的著作大致情形是这样的：商务的三本（《老张的哲学》,《赵子曰》,《二马》)，因沪馆与渝馆的失去联系，版税完全停付；直到三十二年才在渝重排。《骆驼祥子》,《樱海集》,《牛天赐传》,《老牛破车》四书，因人间书屋已倒全无消息。到三十一年，我才把《骆驼祥子》交文化生活出版社重排。《牛天赐传》到最近才在渝出版。《樱海集》与《老牛破车》都无机会在渝付印。其余的书的情形大略与此相同，所以版税收入老那么似有若无。在抗战中写的东西呢，像鼓词，旧剧等，本是为宣传抗战而写的，自然根本没想到收入。话剧与鼓词，目的在学习，也谈不到生意经。只有小说能卖，可是因为学写别的体裁，小说未能大量生产，收入就不多。

我的资本很小，纸笔墨砚而已。我的生活可以按照自己的意思安排，白天睡，夜里醒着也好，昼夜不睡也可以；一日三餐也好，八餐也好！反正我是在我自己的屋里操作，别人也不能敲门进来，禁止我把脚放在桌子上。专凭这一点自由，我就不能不满意我的职业。况且，写得好吧歹吧，大致都能卖出去，喝粥不成问题，倒也逍遥自在；虽然因此而把妒忌我的先生们鼻子气歪，我也没法子代他们去搬正！

可是，在近几个月来，也不知怎么我也失去了自信，时时不满意我的职业了。这是吉是凶，且不去管，我只觉得“不大是味儿”！心里很不好过！

我的职业是“写”。只要能写，就万事亨通。可是，近来我写不上来了！问题严重得很，我不晓得生了娃娃而没有奶的母亲怎样痛苦，我可是晓得我比她还更痛苦。没有奶，她可以雇乳娘，或买代乳粉，我没有这些便利。写不出就是写不出，找不到代替品与代替的人。

天天能写一点，确实能觉得很自由自在，赶到了一点也写不出的时节呀，哈哈，你便变成世界上最痛苦的人！你的自由，闲在，正是你的刑罚；你一分钟一分钟无结果的度过，也就每一分钟都如坐针毡！你不但失去工作与报酬，你简直失去了你自己！

夏天除了阴雨，我的卧室兼客厅兼饭堂兼浴室兼书房的书房，热得老像一只大火炉。夜间一点钟以后，我才能勉强的进去睡。睡不到四个小时，我就必须起来，好乘早凉儿工作一会儿；一过午，屋内即又放烤炉。一夏天，我没有睡足。睡不足，写的也就不多，一拿笔就觉得困啊。我很着急，但是想不出办法。缙云山上必定凉快，谁去得起呢！

不过，写作的成绩虽不好，收入也虽欠佳，可是我到底学习了一点新的技巧与本事。这就“不虚此写”！一个文人本来不是商人，我又何必一定老死盯着钱呢？没有饿死，便是老天爷的保佑；若专算计金钱，而忘记了多学习，多尝试，则未免挂羊头而卖狗肉矣。我承认八年来的成绩欠佳，而不后悔我的努力学习。我承认不计较金钱，有点愚蠢，我可也高兴我肯这样愚蠢；天下的大事往往是愚人干出来的。

有许多去教书的机会，我都没肯去：一来是，我的书籍，存在了济南，已全部丢光；没有书自然没法教书。二来是，一去教书，势必就耽误了乱写，我不肯为一点固定的收入而随便搁下笔。笔是我的武器，我的资本，也是我的命。

· 文艺与木匠 ·

一位木匠的态度，据我看：（一）要作个好木匠；（二）虽然自己已成为好木匠，可是绝不轻看皮匠、鞋匠、泥水匠，和一切的匠。

此态度适用于木匠，也适用于文艺写家。我想，一位写家既已成为写家，就该不管怎么苦，工作怎样繁重，还要继续努力，以期成为好的写家，更好的写家，最好的写家。同时，他须认清：一个写家既不能兼作木匠、瓦匠，他便该承认五行八作的地位与价值，不该把自己视为至高无上，而把别人踩在脚底下。

我有三个小孩。除非他们自己愿意，而且极肯努力，作文艺写家，我决不鼓励他们，因为我看他们作木匠、瓦匠、或作写家，是同样有意义的，没有高低贵贱之别。

假若我的一个小孩决定作木匠去，除了劝告他要成为一个好木匠之外，我大概不会絮絮叨叨的再多讲什么，因为我自己并不会木工，无须多说废话。

假若他决定去作文艺写家，我的话必然的要多了一些，因为我自己知道一点此中甘苦。

第一，我要问他：你有了什么准备？假若他回答不出，我便善意的，虽然未必正确的，向他建议：你先要把中文写通顺了。所谓通顺者，即字字妥当，句句清楚。假若你还不能作到通顺，请你先去练习文字吧，不要开口文艺，闭口文艺。文字写通顺了，你要“至少”学会一种外国语，给自己多添上一双眼睛。这样，中文能写通顺，外国书能念，你还须去生活。我看，你到三十岁左右再写东西，绝不算晚。

第二，我要问他：你是不是以为作家高贵，木匠卑贱，所以才舍木工而取文艺呢？假若你存着这个心思，我就要毫不客气的说：你的头脑还是科举时代的，根本要不得！况且，去学木工手艺，即使不能成为第一流的木匠，也还可以成为一个平常的木匠，即使不能有所创造，还能不失规矩的仿制；即使贡献不多，也还不至于糟踏东西。至于文艺呢，假若你弄不好的话，你便糟践不知多少纸笔，多少时间——你自己的，印刷人的，和读者的；罪莫大焉！你看我，已经写作了快二十年，可有什么成绩？我只感到愧悔，没有给人盖成过一间小屋，作成过一张茶几，而只是浪费了多少纸笔，谁也不曾得到我一点好处？高贵吗？啊，世上还有高贵的废物吗？

第三，我要问他：你是不是以为作写家比作别的更轻而易举呢？比如说，作木匠，须学好几年的徒，出师以后，即使技艺出众，也还不过是默默无闻的匠人；治文艺呢，你可以用一首诗，一篇小说，而成名呢？我告诉你，你这是有意取巧，避重就轻。你要知道，你心中若没有什么东西，而轻巧的以一诗一文成了名，名适足以害了你！名使你狂傲，狂做即近于自弃。名使你轻浮、虚伪。文艺不是轻而易举的东西，你若想借它的光得点虚名，它会极厉害的报复，使你不但挨不近它的身，而且会把你一脚踢倒在尘土上！得了虚名，而丢失了自己，最不上算。

第四，我要问他：你若干文艺，是不是要干一辈子呢？假若你只干一年半载，得点虚名便闪躲开，借着虚名去另谋高就，你便根本是骗子！我宁愿你死了，也不忍看你作骗子！你须认定：干文艺并不比作木匠高贵，可是比作木匠还更艰苦。在文艺里找慈心美人，你算是看错了地方！

第五，我要告诉他：你别以为我干这一行，所以你也必须来个“家传”。世上有用的事多得很，你有择取的自由。我并不轻看文艺，正如同我不轻看木匠。我可是也不过于重视文艺，因为只有文艺而没有木匠也成不了世界。我不后悔干了这些年的笔墨生涯，而只恨我没能成为好的写家。作官教书都可以辞职，我可不能向文艺递辞呈，因为除了写作，我不会干别的；已到中年，又极难另学会些别的。这是我的痛苦，我希望你别再来一回。不过，你一定非作写家不可呢，你便须按着前面的话去准备，我也不便绝对不同意，你有你的自由。你可得认真的去准备啊！

在北碚

· 北碚 ·

北碚是嘉陵江上的一个小镇子，离重庆有五十多公里，这原是个很平常的小镇市；但经卢作孚与卢子英先生们的经营，它变成了一个“试验区”。在抗战中，因有许多学校与机关迁到此处，它又成了文化区。市面自然也就跟着繁荣起来。它有整洁的旅舍，相当大的饭馆，浴室，和金店银行。它也有公园，体育场，戏馆，电灯，和自来水。它已不是个小镇，而是个小城。它的市外还有北温泉公园，可供游览及游泳；有山，山上住着太虚大师与法尊法师，他们在缙云寺中设立了汉藏理学院，教育年青的和尚。

二十八、二十九两年，此地遭受了轰炸，炸去许多房屋，死了不少的人。可是随炸随修。它的市容修改得更整齐美丽了。这是个理想的住家的地方。具体而微的，凡是大都市应有的东西，它也都有。它有水路，旱路直通重庆，百货可以源源而来。它的安静与清洁又远非重庆可比。它还有自己的小小的报纸呢。

林语堂先生在这里买了一所小洋房。在他出国的时候，他把这所房交给老向先生与"文协"看管着。因此，一来这里有许多朋友，二来又有住处，我就常常来此玩玩。在复旦，有陈望道，陈子展，章靳以，马宗融，洪深，赵松庆，伍蠡甫，方令孺诸位先生；在编译馆，有李长之，梁实秋，隋树森，阎金锷，老向诸位先生；在礼乐馆，有杨仲子，杨荫浏，卢前，张充和诸位先生；此处还有许多河北的同乡；所以我喜欢来到此处。虽然他们都穷，但是轮流着每家吃一顿饭，还不至于教他们破产。

·《火葬》·

在抗战中，因为忙，病，与生活不安定，很难写出长篇小说来。连短篇也不大写了，这是因为忙，病，与生活不安定之外，还有稍稍练习写话剧及诗等的缘故。从一九三八年到一九四三年，我只写了十几篇短篇小说，收入《火车集》与《贫血集》。《贫血集》这个名字起得很恰当，从一九四〇年冬到现在（一九四四年春），我始终患着贫血病。每年冬天只要稍一劳累，我便头昏；若不马上停止工作，就必由昏而晕，一抬头便天旋地转。天气暖和一点，我的头昏也减轻一点，于是就又拿起笔来写作。按理说，我应当拿出一年半载的时间，作个较长的休息。可是，在学习上，我不肯长期偷懒；在经济上，我又不敢以借债度日。因此，病好了一点，便写一点；病倒了，只好"高卧"。于是，身体越来越坏，作品也越写越不像话！在《火车》与《贫血》两集中，惭愧，简直找不出一篇像样子的东西！

三十一年夏天，我又来到北碚，写长篇小说《火葬》，从这一年春天，空袭就很少了；即使偶尔有一次，北碚也有防空洞，而且不必像在重庆那样跑许多路。

天奇暑，乃五时起床，写至八时即止，每日可得千余字。本拟写中篇，但已得五六万字，仍难收笔，遂改作长篇。九月尾，已获八万余字，决于双十日完卷，回渝。十月四日入院割治盲肠，一切停顿。二十日出院，仍须卧床静养。时家属已由北平至宝鸡；心急而身不能动，心乃更急。赖好友多方协助，家属于十一月中旬抵碚。二十三日起缓缓补写小说；伤口平复，又患腹疾，日或仅成三五百字。十二月十一日写完全篇，约十一万字，是为《火葬》。它要告诉人们，在战争中敷衍与怯懦怎么恰好是自取灭亡。

五年多未写长篇，执笔即有畏心；越怕越慌，致失去自信。天气奇暑，又多病痛，非极勉强的把自己机械化了，便没法写下去。可是，把身心都机械化了，是否能写出好作品呢？过度的勉强，使写作变成苦刑。我吸烟，喝茶，愣着，擦眼镜，在屋里乱转，着急，出汗，而找不到我所需要的字句。勉强得到几句，绝对不是由笔中流出来的，而是硬把文字堆砌起来的破砖乱瓦，是没法修改的，最好的方法是把纸撕掉另写。另写么？我早已精疲力尽！只好勉强的留下那些破烂儿吧。这不是文艺创作，而是由夹棍夹出来的血！故事的地方背景是由我心里钻出来的。我要写一个被敌人侵占了的城市，可是抗战数年来，我并没有在任何沦陷区住过。只好瞎说吧。这样一来，我的“地方”便失去读者连那里的味道都可以闻见的真切。

我想多方面地去写战争，可是我到处碰壁，大事不知，小事知而不详。我没有足以深入的知识与经验。我只画了个轮廓，而没能丝丝入扣的把里面填满。

有人说我写东西完全是碰，碰好，就好；碰坏，就坏，因为我写的有时候相当的好，有时候极坏。我承认我有时候写得极坏，但否认瞎碰。文艺不是能瞎碰出来的东西。作家以为好的，读者未必以为好，见仁见智，正自不易一致。不过，作者是否用了心，他自己却知道得很清楚。像《火葬》这样的作品，要是搁在抗战前，我一定会请它到字纸篓中去的。现在，我没有那样的勇气。这部十万多字的小说，一共用了四个多月的光阴。光阴即便是白用，可是饭食并不白来，十行纸——连写抄副本——用了四刀，约计一百元。墨一锭，一百二十元——有便宜一点的，但磨到底还是白的。笔每枝只能写一万上下字，十枝至少须用二百元。求人抄副本共用了一千一百元。请问：下了这么大的本钱，我敢轻于去丢掉么？我知道它不好，可是没法子不厚颜去发表。我并没瞎碰，而是作家的生活碰倒了我！这一点声明，我并不为求人原谅我自己，而是为教大家注意一点作家的生活应当怎样改善。假若社会上还需要文艺，大家就须把文艺作家看成个也非吃饭喝茶不可的动物。抗战是艰苦的，文人比谁都晓得更清楚，但是在稿费比纸笔之费还要少的情形下，他们也只好去另找出路了。

· 盲肠与家计 ·

十月初，我得了盲肠炎，这个病与疟疾，在抗战中的四川是最流行的；大家都吃平价米，里边有许多稗子与稻子。一不留神把它们咽下去，入了盲肠，便会出毛病。空袭又多，每每刚端起饭碗警报器响了；

只好很快的抓着吞咽一碗饭或粥，顾不得细细的挑拣；于是盲肠炎就应运而生。

我入了江苏医院。外科主任刘玄三先生亲自动手。他是北方人，技术好，又有个热心肠。可是，他出了不少的汗。找了三个钟头才找到盲肠。我的胃有点下垂，盲肠挪了地方，倒仿佛怕受一刀之苦，而先藏躲起来似的。经过还算不错，只是外边的缝线稍粗（战时，器材缺乏），创口有点出水，所以多住了几天院。

我还没出院，家眷由北平逃到了重庆。只好教他们上北碚来。我还不能动。多亏史叔虎，李效庵两位先生——都是我的同学——设法给他们找车，他们算是连人带行李都来到北碚。

从这时起，我就不常到重庆去了。交通越来越困难，物价越来越高；进一次城就仿佛留一次洋似的那么费钱。除了“文协”有最要紧的事，我很少进城。

妻絜青在编译馆找了个小事，月间拿一石平价米，我照常写作，好歹的对付着过日子。

按说，为了家计，我应去找点事作。但是，一个闲散惯了的文人会作什么呢？不要说别的，假若从武汉撤退的时候，我若只带二三百元（这并不十分难筹）的东西，然后一把捣一把的去经营，总不定我就会成为百万之富的人。有许多人，就是这样的发了财的。但是，一个人只有一个脑子，要写文章就顾不得作买卖，要作生意就不用写文章。脑子之外，还有志愿呢。我不能为了金钱而牺牲了写作的志愿。那么，去作公务人员吧？也不行！公务人员虽无发国难财之嫌，可是我坐不惯公事房。去教书呢，我也不甘心。教我放下毛笔，去拿粉笔，我不情愿。我宁可受苦，也不愿改行。往好里说，这是坚守自己的岗位；往坏里说，是文人本即废物。随便怎么说吧，我的老主意。

我戒了酒。在省钱而外，也是为了身体。酒，到此时才看明白，并不帮忙写作，而是使脑子昏乱迟钝。

我也戒烟。这却专为省钱。

·习作二十年——我的话剧·

当我开始写小说的时候，我并不明白什么是小说。同样的，当我开始写剧本的时候，我也并不晓得什么是戏剧。

到写剧本的时候，我已经四十岁了。在文字上，经过十多年的练习，多少熟练了一些；在生活经验上，也当然比从前更富裕了许多。仗着这两件工具——文字与生活经验——我就大胆地去尝试。

我的第一个剧本，《残雾》，只写了半个月。

剧本既能被演出，而且并没惨败，想必是于乱七八糟之中也多少有点好处。想来想去，想出两点来，以为敝帚千金的根据：（一）对话中有些地方颇具文艺性——不是板板的只支持故事的进行，而是时时露出一点机智来。（二）人物的性格相当的明显。

因为《残雾》的演出，天真的马宗融兄封我为剧作家了。他一定教我给回教救国协会写一本宣传剧。我没有那么大的胆子，因为自己知道《残雾》的未遭惨败完全是瞎猫碰着了死耗子。说来说去，情不可却，我就拉出宋之的兄来合作。我们俩就写了《国家至上》。在宣传剧中，这是一本成功的东西，它有人物，有情节，有效果，又简单易演。这出戏在重庆演过两次，在昆明、成都、大理、兰州、西安、桂林、香港，甚至于西康，也都上演过。在重庆上演，由张瑞芳女士担任女主角；回教的朋友们看过戏之后，甚至把她唤作“我们的张瑞芳”了！

此剧的成功，当然应归功于宋之的兄，他有写剧的经验，我不过是个“小学生”。可是，我也很得意——不是欣喜剧本的成功，而是觉得抗战文艺能有这么一点成绩，的确可以堵住那些说文艺不应与抗战结合者的嘴，这真应浮之大白！去年，我到大理，一位八十多岁的回教老人，一定要看看《国家至上》的作者，而且求我给他写几个字，留作纪念。回汉一向隔膜，有了这么一出戏，就能发生这样的好感，谁说文艺不应当负起宣传的任务呢?

张自忠将军殉国后，军界的朋友托我写一本《张自忠》。这回，我卖了很大的力气，全体改正过五次，可是，并没能写好。

《面子问题》还是吃了不管舞台的亏。

《大地龙蛇》中的思想，颇费了我一些心血去思索。其结构则至为幼稚。

《归去来兮》四平八稳，没有专顾文字而遗忘了技巧，虽然我也没太重视技巧。

《谁先到了重庆》这本戏，仿佛可拿出一点技巧来。

《桃李春风》虽然得过奖，里面缺欠可实在不少。此剧系与赵清阁先生合写的，上演时的修正，都是由他执笔的，那时节我正卧病北碚。

剧本是多么难写的东西啊！动作少，失之呆滞；动作多，失之芜乱。文字好，话剧不真；文字劣，又不甘心。顾舞台，失了文艺性；顾文艺，丢了舞台。我看哪，还是去写小说吧，写剧太不痛快了！处处有限制，腕上如戴铁镣，简直是自找苦头吃！自然，我也并不后悔把时间与心血花在了几个不成剧本的剧本上：吃苦原来就是文艺修养中当然的条件啊！

·二十年纪念会·

三十三年四月十六日，“文协”开年会。第二天，朋友们给我开了写作二十年纪念会，到会人很多，而且有朗诵，大鼓，武技，相声，魔术等游艺节目。有许多朋友给写了文章，并且送给我礼物。到大家教我说话的时候，我已泣不成声。我感激大家对我的爱护，又痛心社会上对文人的冷淡，同时想到自己的年龄加长，而碌碌无成，不禁百感交集，无法说出话来。

这却给我以很大的鼓励。我知道我写作成绩并不怎么好；友人们的鼓励我，正像鼓励一个拉了二十年车的洋车夫，或辛苦了二十年的邮差，虽然成绩欠佳，可是始终尽责不懈。那么，为酬答友人的高情厚谊，我就该更坚定的守住岗位，专心一志的去写作，而且要写得用心一些。我决定把《四世同堂》写下去。这部百万字的小说，即使在内容上没什么可取，我也必须把它写成，成为从事抗战文艺的一个较大的纪念品。

·《四世同堂》·

我开始计划写一部百万字的长篇小说。一百万字，我想，能在两年中写完；假若每天能照准写一千五百字的话。三十三年元月，我开始写这长篇——就是《四世同堂》。

可是，头昏与疟疾时常来捣乱。到三十三年年底，我才只写了三十万字。这篇东西大概非三年写不完了。

北碚虽然比重庆清静，可是夏天也一样的热。我的卧室兼客厅兼书房的屋子，三面受阳光的照射，到夜半热气还不肯散，墙上还可以烤面包。我睡不好。睡眠不足，当然影响到头昏。屋中坐不住，只好到室外去，而室外的蚊子又大又多，扇不停挥，它们还会乘机而入，把疟虫注射在人身上。“打摆子”使贫血的人更加贫血。

三十三年这一年又是战局最黑暗的时候，中原，广西，我们屡败；敌人一直攻进了贵州。这使我忧虑，也极不放心由桂林逃出来的文友的安全。忧虑与关切也减低了我写作的效率。我可是还天天写作。除了头昏不能起床，我总不肯偷懒。

三十四年，我的身体特别坏。年初，因为生了个小女娃娃，我睡得不甚好，又患头晕。春初，又打摆子。以前，头晕总在冬天。今年，夏天也犯了这病。秋间，患痔，拉痢。这些病痛时常使我放下笔。本想用两年的工夫把《四世同堂》写完，可是到三十四年年底，只写了三分之二。这简直不是写东西，而是玩命！

望北平

抗战胜利了，我进了一次城。按我的心意，“文协”既是抗敌协会，理当以抗战始，以胜利终。进城，我想结束结束会务，宣布解散。朋友们可是一致的不肯使它关门。他们都愿意把“抗敌”取销，成为永久的文艺协会。于是，大家开始筹备改组事宜，不久便得社会部的许可，发下许可证。

关于复员，我并不着急。一不营商，二不求官，我没有忙着走的必要。八年流浪，到处为家；反正到哪里，我也还是写作，干吗去挤车挤船的受罪呢？我很想念家乡，这是当然的。可是，我既没钱去买黑票，又没有衣锦还乡的光荣，那么就教北平先等一等我吧。写了一首“乡思”的七律，就拿它结束这段“八方风雨”吧：

茫茫何处话桑麻？破碎山河破碎家。
一代文章千古事，余年心愿半庭花！
西风碧海珊瑚冷，北岳霜天羚角斜。
无限乡思秋日晚，夕阳白发待归鸦！

我们必须要使美国朋友们能够真正了解我们的老百姓，了解我们的文化。

第五章

旅美

译介

旅美观感

·美国“人”与“剧”·

与曹禺兄从三月二十日抵西雅图，至今未得闲散，我是第一次来到美国，到现在止，我只到过四个美国的大城市：西雅图，芝加哥，华盛顿和纽约。

在芝加哥停留四天，我感到美国人非常热情，和蔼，活泼，可爱。有一天在华盛顿的街上，我向一位妇女问路，她立刻很清楚地告诉我，当我坐进汽车，关上车门，快要开车的时候，她还极恳切地嘱咐司机，要司机好好替我开到目的地。

我也遇见曾经到过中国的美国教授，士兵和商人，这些人对于中国的印象都很好，他们都说喜欢中国人，仍然想回到中国。我们不要听到这种话就“受宠若惊”，我们应该了解我们自己也是世界人，我们也是世界的一环，我们必须要使美国朋友们能够真正了解我们的老百姓，了解我们的文化。在今天，许多美国人所了解的不是今日的中国人，而是千百年前的唐宋时代的中国人，他们对于唐诗，宋词都很欣赏。但是我也曾看见一位研究中国古画的画家，在他的作品中，有一幅画，他把中国的长城画到黄河以南来了，实在令人可笑。

中美两国都有爱好和平的精神，中美两国实在应该联合起来。不过，要请各位注意的，我所说的联合起来是没有政治意义的，只是说中美两国的文化要联合起来，发扬两国人民爱好和平的精神。

我们对外的宣传，只是着重于政治的介绍，而没有一个文化的介绍，我觉得一部小说与一部剧本的介绍，其效果实不亚于一篇政治论文。过去我们曾经向美国介绍我国宋词、康熙瓷瓶，这最多只是使美国人知道我们古代在文学艺术上的成就，但却不能使他们了解今日中国文化情形。我觉得中国话剧在抗战期间实在有成就，并不是拿不出的东西，这些话剧介绍给美国，相信一定会比宋词、康熙瓷瓶更有价值，更受欢迎。

不要以为美国人的生活是十分圆满的，在美国全国也有许多困难的问题，比如劳资纠纷，社会不安。我们也要研究他们社会不安的原因，作为改进我们自己社会不景现象的参考。我们不要过分重视别人，轻视自己，也不要过分重视自己，轻视别人。

由西雅图，到华盛顿，再到纽约，一路走马看花，已共看了两次舞剧，三次广播剧，两次音乐剧和八次话剧。曹禺兄看得更多一些。在我看，美国的戏剧，在演技与设备上，是百老汇胜于他处；但在思想上和尝试上，各处却胜于百老汇。百老汇太看重了钱。至于演技与剧本，虽然水平相当的高，可并无惊人之处。老实说，中国话剧，不论在剧本上还是在演技上，已具有了很高的成就。自然我们还有许多缺陷，但是假若我们能有美国那样的物质条件，与言论自由，我敢说：我们的话剧绝不弱于世界上任何人。

到美国之前，即决定以“杀车法”应付一切，以免开足马力，致身心交败；美人生活以“忙”著名，而弟等身体如重庆之旧汽车，必有吃不消者。但双脚一践美土，“杀车”即不大灵；如小鱼落急流中身不由己，欲慢而不能；遂亦随遇而安，且战且走，每每头昏眼花。

·“大杂楼”·

在此一年半了。去年同曹禺到各处跑跑，开开眼界。今年，剩下我一个人，打不起精神再去乱跑，于是就闷坐斗室，天天多吧少吧写一点——《四世同堂》的第三部。洋饭吃不惯，每日三餐只当作吃药似的去吞咽。住处难找，而且我又不肯多出租钱，于是又住在大杂院里——不，似应说大杂“楼”里。不过，一想起抗战中所受的苦处，一想起国内友人们现在的窘迫，也就不肯再呼冤；有个床能睡觉，还不好吗？最坏的是心情。假如我是个翩翩少年，而且袋中有冤孽钱，我大可去天天吃点喝点好的，而后汽车兜风，舞场扭腚，乐不思蜀。但是，我是我，我讨厌广播的嘈杂，大腿戏的恶劣，与霓虹灯爵士乐的刺目灼耳。没有享受，没有朋友闲谈，没有茶喝。于是也就没有诗兴与文思。写了半年多，“四世”的三部只成了十万字！这是地道受洋罪！

我的肚子还时时跟我捣乱；懒得去诊治，在这里，去见个医生比见希特勒还难；呕，原谅我，我以为那个恶魔还活着呢！痔疮也不减轻，虽然天天坐洋椅子！头还是常常发昏。谁管它呢，这年月，活着死去好像都没有多少区别。假若一旦死去，胃，头，痔不就一下子都好了么？

多想写一点旅美杂感，可是什么事都非三天两天能看明白的，总写些美国月亮如何的光明，有什么意思呢？写杂感也须读许多书，我的头昏，读不下书去。

酒可不大吃了。吃一点，因为头昏，就会醉；爽兴不吃。没有醇酒，似乎也就没有妇人；也好，这样可以少生是非。

百老汇的戏，有时候有一两出好的，看看还过瘾。至于电影，纽约所有的好片子，全是英国的，法国的，与意大利的。好莱坞是有人才，而不作好片子，连我都替他们着急。最近纽约一城，即有四五部英国片子，都是连映好几个星期！

物价不得了！比起去年来，大概现在的一元只当去年的半元了！什么都涨价，天天涨；看得过去的皮鞋已经十五元一双了。在重庆时，我就穿不起皮鞋，难道在美国也得光脚么？北平谚云“光脚的不怕穿鞋的”。好，这倒也有个意义，请捉摸捉摸看！

写与译

·雅斗·

一九四六年九月里，我在雅斗（YADDO）。雅斗是美国纽约省的一所大花园，有一万多亩地。园内有松林、小湖、玫瑰圃、楼馆，与散在松荫下的单间书房。此园原为私产。园主是财主，而喜艺术。他死后，继承人们组织了委员会，把园子作为招待艺术家创作的地方。这是由一九二六年开始的，到现在已招待过五百多位艺术家。招待期间，客人食宿由园中供给。

园林极美，地方幽静。这的确是安心创作的好地点。当我被约去住一个月的时候，史沫特莱正在那里撰写朱德总司令传。

客人们吃过早饭，即到林荫中的小书房去工作。游园的人们不得到书房附近来，客人们也不得凑到一处聊天。下午四点，工作停止，客人们才到一处，或打球，或散步，或划船。晚饭后，大家在一处或闲谈，或下棋，或跳舞，或喝一点酒。这样，一个月里，我差不多都能见到史沫特莱。

有一次，我们到市里去吃饭（雅斗园距市里有二英里，可以慢慢走去），看见邻桌坐着一男一女两位黑人。坐了二十分钟，没有人招呼他们。女的极感不安，想要走出去，男的不肯。史沫特莱过去把他们让到我们桌上来，同时叫过跑堂的质问为什么不伺候黑人。那天，有某进步的工会正在市里开年会，她准备好，假若跑堂的出口不逊，她会马上去找开会的工人代表们，来兴师问罪。幸而，跑堂的见她声色俱厉，在她面前低了头；否则，那天会出些事故的。

在雅斗的时候，我跟她谈到那时候国内文艺作家的贫困。她马上教我起草一封信，由她打出多少份，由她寄给美国的前进作家们。结果，我收到了大家的献金一千四百多元，存入银行。我没法子汇寄美金，又由她写信给一位住在上海的友人，教她把美金交给那时候的"文协"负责人。她的热心、肯受累、肯负责，令人感动、感激。

· 迟归 ·

（1948 年 2 月 4 日致高克毅）

纽约多雪，一冬极寒，今晨又正落雪！

"四世"已快写完，因心情欠佳，殊不满意。

定于三月中回国，是否能按时回去，当不可知。

（1948 年 3 月 4 日致高克毅）

我又申请延展留美六个月，尚无回音；假若得不到允许，即将回国了。

·代理人·

（老舍的首任出版代理是休伊特·赫茨。这里提到的沃尔什夫人即美国著名作家赛珍珠。她帮老舍联系了新的代理大卫·劳埃得。赛珍珠在致劳埃得的信中详细交代了老舍作品翻译出版的各种问题，信文如下：）

亲爱的劳埃得先生：

舒舍予先生（即老舍，《骆驼祥子》的作者）正在寻找新的代理人。眼下休伊特·赫茨是他的代理人，但她由于家务繁重，可能要减少委托工作量，甚至可能要放弃这一工作。舒先生请我们给他推荐一位代理人，我认为你是很理想的人选。舒先生人很文静、十分腼腆，还很不适应这里的生活环境。

目前，他正在翻译一部长篇小说，名字叫《四世同堂》。由于下面一些原因，他的事情正处于混乱状态。或许，我最好先给你简单谈一下问题的症结所在。

他的作品的译者伊文·金（笔名），在没和他打招呼的情况下，翻译了《骆驼祥子》。该书经雷诺和希契科克公司出版后，你可能也知道，入选为“每月佳书”。但在相当一段时间里，舒先生没有收到任何报酬。我猜想，当时他可能不知道那本书取得了这么好的效果，甚至可能根本不知道这本书已经出版了。后来，还是在朋友们的帮助下，他才分享到百分之五十的版权税。

去年，林语堂的二女儿林太乙想翻译舒先生早期的一本小说《离婚》，因为约翰德不知道他们此举和舒先生与雷诺和希契科克公司的出版计划相冲突，结果这一设想就流产了。与此同时，伊文·金返回中国后生了一场大病，在住院恢复期间，他着手翻译了《离婚》。开始的时候，翻译工作似乎进行得还顺利，他好像也很为舒先生着想。但后来，使舒先生十分不安的是，他发现伊文·金的译文在许多重要方面大大偏离了原著，结尾则和原著完全不同。事实上，他对伊文·金在翻译《骆驼祥子》时擅自进行改动本来就十分不满。因此，当他发现伊文·金又故技重演时，他感到无法容忍这件事，并且拒绝承认伊文·金的工作。伊文·金先生变得极为粗暴，他告诉舒先生他（伊文·金）有权获得全部版权收入。他还说，照他看来，要不是他在翻译过程中对原著做了进一步完善，舒先生的著作根本一文不值。他还通过律师恫吓过舒先生。金先生眼下大概在佛罗里达，或在其他什么地方疗养，但我看他再也不会恢复成一个好人了。雷诺和希契科克公司曾向舒先生施加过很大的压力，坚持要出版《离婚》一书，但在目前情况下，他们当然不可能继续出版该书。他们也试图另外找人重译，但未能成功。在这期间，既然《离婚》成了一起悬案，舒先生便和艾达·浦爱德小姐一起，着手翻译他的另一部长篇小说《四世同堂》。他们给人看了这本书前十章的译稿。据我所知，正在气头上的尤金·雷诺先生说，当《离婚》还在悬而未决时，他不愿意再惹麻烦。因此，舒先生问过我是否还要继续翻译下去，我看过他们的译稿，我认为翻得不错，书的前景应当很好。可能不用我说你也知道，舒先生是当代中国最重要的作家，所以我建议他和艾达·浦爱德小姐继续翻译下去，事实上，他们取得了很不错的进展。另外，为了让他能完成这一工作，我还帮助舒先生延长了他的签证。他现在回国也很不安全，因为他是个著名的民主人士，回去后不是被杀，至少也得被捕进监狱。

我建议，如果你能像我所希望的那样，接受舒先生作为你的委托人的话，你们应该就他的事好好谈一谈。我们也应该见一见约翰德先生，我觉得他应该得到周到的照料，他有些神经过敏，而且不善于辞令。虽然尤金·雷诺先生一点也不了解他，但约翰德先生本人仍会坚持出版界的一些最强硬的职业道德观念。任何变动都应当征求舒先生的意见，并经过他同意。

以上大致包括了一些主要问题，你和舒先生谈过之后，会详细地了解到更多的情况。

你真诚的

理查德·沃尔什夫人

（1948 年 4 月 6 日致劳埃得）

收到沃尔什夫人的信，她说要代我给您写信。

是否能给我打个电话，安排个见面时间。

·译《四世同堂》·

（1948 年 5 月 4 日致劳埃得）

休伊特·赫茨已辞去《离婚》出版代理人一职。我已经指定大卫·劳埃得先生作为出版代理人，并委托他处理一切有关这部书的版权问题。这部书的版权不属于雷诺和希契科克出版公司。

（1948 年 4 月 22 日致劳埃得）

关于继续出版我小说的英译本的问题，我唯一感兴趣的是目前我正和浦爱德小姐合译的一部长篇。这是一部长达一百万汉字的小说，前两部分已在上海出版，第三部分还在写，希望能在两个月内赶出来。书中讲的是八年抗战时期北京的事。就我个人而言，我自己非常喜欢这部小说，因为它是我从事写作以来最长的，可能也是最好的一本书。至于出英文版，我觉得很有必要作一些删节，至少去掉二十万字。

虽然有一次阿穆森先生让我和雷诺先生签个合同，但到目前为止，我尚未和任何人为出版此书达成协议。如果我们能找到其他人出版，我当然也很高兴。

浦爱德小姐出生在中国。她出版过两本拥有版权的关于中国的书。她看不懂中文，但听得懂。我把小说一段一段地念给她听，她可以马上译成英文，这是我很愿意与她一起工作的原因。

然而，她也有不足之处。比如，为了尽可能多地保持中国味儿，她常把英文弄得很不连贯。我给赫茨小姐看翻译稿的前十章时，她告诉我最好立刻停止和浦爱德小姐一起干。她认为浦爱德小姐的英文很怪，她说如果我继续和浦爱德小姐一起翻译下去，就有必要请第三者对文字再进行润色。如果真是那样，事情就复杂了。这恐怕也是雷诺先生认为签约还为时过早的理由。

为了这件事，我征求过沃尔什夫人的意见。她看完前十章后，认为我还可以继续同浦爱德小姐一起工作。她还说她很喜欢这个故事，文字上的问题可以交给一位称职的编辑去处理。[1]

---

[1] 此信中提到的即是老舍的长篇小说《四世同堂》。

（1948 年 7 月 16 日致劳埃得）

我要到乡下去住几天，大概七月二十四日返回。

从乡下回来后，再有两周的时间，我就能和浦爱德小姐一起翻译完我的那部长篇小说。

您能在我去乡下的期间和浦爱德小姐谈谈吗？我要在场的话，恐怕她有许多不便开口之处。

如果她不同意百分之十五的分成比例，我们可以给她百分之二十，尊意如何？

至于那篇短篇小说，我看我们先别去管它，因为琼小姐已收到过三次了。但假如我们把它送给哈珀杂志（Harper）或是其他您知道的杂志，您看怎么样？

（1948 年 7 月 21 日致劳埃得）

雷诺和希契科克出版公司的阿穆森先生刚从乡下回来。他在那里花了三个星期的时间看完了《离婚》，并做了些小小的修改。昨天他来电话说这部书的出版工作可于一九四八年十一月份就绪。

我认为浦爱德小姐的观点有道理：一部翻译作品如果被译者以外的人再插手，那么这部作品就很难保持其完整性。我同意她自己把工作做到底，并按她的意见给她百分之二十五的分成作为报酬。

我水平有限，无法评论她的文风好坏，现在完全依赖她是有点冒险。但如果再找第三者介入，这无疑会刺伤她的自尊心，对于一个朋友，我是决不会这么做的。所以，我们还是坚持下去吧，也许我们对她的信任会使她获得更多的自信心。

她现在出去度假了，大概十天左右。我希望我们能签订那份您起草并修改的协议。

我是上星期一从乡下回来的，八月四日以后再去乡下住些日子。城里简直热得没法干活。

·《离婚》译事·

（1948年7月30日）

有一天，我和郭小姐、阿穆森先生一起谈了《离婚》的问题，按着阿穆森先生的建议，我用了两天的时间又做了必要的修改。郭小姐很欣赏这些改动，答应一定尽快将其译成英文，也许下个月就可以把译稿交给阿穆森先生。

我相信这部小说经过修改以后就相当不错了。希望阿穆森先生尽快看完修改以后的稿子，能在近日内交给出版公司。

我想，如果这部书能尽快地出版，就能在很大程度上制止住沃得的一派胡言，如果能赶在沃得的“珍本”上市之前问世，那我们就都得救了。

在我们的书出版以后，他绝对不敢用他篡改过的“珍本”和我们挑战。

（1948年8月3日）

明天我要去沃尔什夫人的农场住上四五天。

我已给我在上海的出版人去信了，向他说明了重新登记我所有书的版权的重要性。

我还和阿穆森先生通了电话，告诉他我已收到郭小姐寄来的《离婚》修改稿的英译稿，阿穆森先生正忙着出版事宜的最后扫尾工作。在这场和沃得较量的丑恶的奥林匹克赛里，我真希望能战胜他。

（1948 年 8 月 25 日）

您关于我的作品的中国版权问题会很棘手的看法是正确的。我在上海的代理人刚刚给我寄来《离婚》在中国的版权登记号码，不知是否有所帮助。

我看，金的论点主要建立在两个事实上：一是中美之间没有有关保护版权的法律协议；二是在我来美之前，《骆驼祥子》的版权在他手里。如果他有《骆驼祥子》的版权，他同样也能有《离婚》的版权。我想我们最好还是找到《骆驼祥子》的合同，看看是否真是如此。如果版权登记是由出版公司办理的，那对咱们就有利多了。

·好莱坞之行·

（1948 年 8 月 10 日）

我明天飞洛杉矶商量《骆驼祥子》电影脚本的定稿事宜。

（1948 年 8 月 19 日）

明天晚上才回来。离开好莱坞的时候，我没提要报酬的事，因为对方给我买了往返机票，付了旅馆账单，加在一起要四百美元。他们是想了解我对根据小说改编的电影剧本的看法。

好莱坞职业编剧改编的剧本实在是糟糕之极。我说了我的看法以后，他们正在考虑是不是再请一位剧作家或我本人来改编这部小说。

如果他们要我来改编，我很愿意和他们签个合同，当然，我一定会征求您的意见；但如果他们去找剧作家来改编，那咱们也没什么可说的了。

（1948年9月8日）

王浩千的事真是糟透了。本来我该被邀请去帮他改编第一个电影剧本，可王却偏偏找了个好莱坞的剧作家。把一万五千块的剧本费都花完了之后，才想到了我。这次该请我了吧，他又另找了一个人。问题就在于所有为建立独立制片公司筹集的钱都不是他的，他这么大把大把地花钱只是想证明他是老板。我想，等他把钱都花完了以后，就会一走了之，到某个大公司去谋个好差事。

除非他们再来找我，我看咱们再也犯不上为那部电影操心了。假如他们再要我去看第二个电影剧本，我得找他们要每周七百五十元的报酬。

·《鼓书艺人》写与译·

（1949年2月9日致楼适夷）

《四世同堂》已草完，正在译。这就是为什么还未回国的原因。此书甚长，而译手又不十分高明，故颇需时日。如能完成，我想：出来一趟，若能有几本书译出，总算不虚此行；并不是因为美国舒服，才不回去——此地，对我，并不舒服！

《离婚》译本已出版了，评者十之八九予以赞美，可是销路很差！

不管怎说吧,《骆驼祥子》、《离婚》,及《四世同堂》三书在美出版;“牛天赐”在英(熊式一译)出版,有四书在国外印行,也总算是有了点交代。若不为等“四世”译完,我早就回国了。

(1948年11月30日致高克毅)

半年来极忙,而且苦闷!

《离婚》已出版,居然得到好评,很奇怪!

日内将奉寄一本,作为圣诞礼,并祈惠正!

电影事搁浅,nothing doing!

现在又在写一新小说,一时不会离开纽约。写完时,颇想去走一走。

(1948年10月21日)

那本新小说,我已经完成了四章,其中三章已交给郭小姐去翻译。如果您能为我们准备一份四六分成的合同,我将不胜感激。如果我能保持每天两千字的速度(这几天就是这样),预计到新年时,我就能写完。

(1948年11月15日)

郭小姐已将她译好的“大鼓”的前三章拿给她的代理人看了。看过之后,会把它送给您,请您将稿子交给阿穆森先生。在给阿穆森先生之前,希望您叫人用打字机打一份清楚的底稿,那样看起来更正规一点儿。

关于我和郭小姐为新书签订合同一事,除去合同规定的她的稿酬和享有的权利之外,我想我们就不再让步了,除此以外,我没有别的意见了。

（1948年11月19日）

我今天给阿穆森先生的信是这么写的：

“十分抱歉，我要放弃《鼓书艺人》的全部工作了。写完了十二章以后（约占全书的一半），我发现它既不像我想象的那么好，也不像我想象的那么有意思。我想我最好还是别写了。我身体疲乏极了，要彻底休息一下。

“郭小姐的代理人曾告诉劳埃得先生，说她似乎不是一个很合适的翻译人。我能想象得出对像郭小姐那样一位有创造性的作家来说，去翻译别人的作品该有多困难。

“事情现在搞成这个样子，我十分抱歉。不过，从另一个角度来说，我也很高兴能有几天休息的时间。”

我给他写信的原因是，既然郭小姐的代理人向阿穆森先生搬弄是非，我们就不该老是保持沉默。我写信的真意是好意地表明我对郭小姐并无恶意。倘若郭小姐能碰巧看到或听到这封信的内容，她一定会感动的，因为她总以为我们一直在和她讨价还价，但在信里我对此却只字未提。如果阿穆森先生认为她有权分享我们的成果，我在信里也暗示了，不管她是一个多么伟大的译者，一旦我停止了写作，那么她将一事无成。

假如您有机会和阿穆森先生谈谈，或者他还坚持郭小姐应和我们分享稿酬的话，那么请您告诉他：如果她想要得到高达百分之四十的稿酬的话，她的一切都将失去。

（1948年11月26日）

我刚和郭小姐开诚布公地谈了一次话，我们两人都同意她分享包括外文版权在内的百分之四十的稿酬。电影及其他（戏剧等）版权归我所有。

她建议我们尽快地签订合同。我希望她的代理人能很快地就这事和您进行磋商，以便尽快达成协议。

至于我写信告诉阿穆森先生说我停止写作的事，她说很容易解决，我们可以选一些章节的译稿先给阿穆森先生看。

她希望尽快签订作者和译者之间，以及出版者之间的合同，这样她才能定下心来好好工作，否则她心里总不踏实。

（1948 年 12 月 4 日）

据郭小姐讲，我的新小说的三章译稿已送给阿穆森先生。她已经和阿穆森先生讲好，她要预支一千美元，每次二百五十元，分四次支付。钱直接交给她的代理人，从合同签订之日起，四个月内付清，情况就是这样。

至于预付给我的稿酬，请按您认为最合适的办法办，一千五百美元是一次付还是分期付，我全无所谓。

（1948 年 12 月 10 日）

我和出版公司之间在关于我新书的合同里，还有几条条款没谈好，我想您会为我解决这一切的，不幸的是，那三章小说的译稿是郭小姐的代理人直接交给阿穆森先生的，同样，郭小姐预支一千美元的事，也是这位代理人一手安排的。所有这一切，都是在郭小姐告诉我以后，我才知道的。实际上，郭小姐的代理人应当把那三章的译稿先送给您，应当把郭小姐要预支稿酬一事通知您，但他没有这么做。这样一来，您可能会有一种印象，似乎我应该对此负责。我给您写这封信就是为了澄清这一事实。如果当时我把原因告诉您，您一定会生郭小姐和沃特金斯的气。

事实上，我一向都很慎重，尽量不和阿穆森先生与雷诺先生两人打交道，就是为了使您在为我和他们谈判时，不会觉得我在中间干扰了您。可是我无法阻止郭或者沃特金斯直接与出版公司打交道。不过，我过去从来没有同时和两头打过交道，希望这一点能使您满意。

眼下在出版公司手里的那三章译稿的底稿是唯一一份干净的底稿。我实在不好意思让郭小姐再打一份，因为所有的稿子都是她一人打的，您知道，和一个女人打交道是多么微妙的事。

我希望我们的合同能尽早地签妥，因为如果郭小姐看不见签好的合同，收不到预付的钱，她就无法继续工作下去。

（1949 年 1 月 31 日）

郭海伦小姐真是个好司机。我们到迈阿密用了三天半的时间。最糟糕的一段路是在乔治亚州的公路上，站在路中间的不是警察而是牛群，而郭小姐竟然一头也没轧死!

郭小姐到离迈阿密七英里的乡下干她自己的活去了。我住在福拉格勒饭店，这是一家小而干净的旅馆，价钱也适中。这里也很暖和，但愿对我的腿有好处。

（1949 年 2 月 9 日）

我在迈阿密度过了一段美好的时光，现在已回到纽约。很不幸的是，我的腿还没好，我真不知该怎么办才好。

我行动不便，您能给我寄张支票来吗？

（1949 年 4 月 18 日）

谢谢您寄来的一百一十二点五美元的支票。

一两天之内我大概就要去巴瑟·埃斯乐医院住院，可能要动手术。戴得里奇大夫看过几次之后，腿病一天比一天重。今天早晨他说要送我去巴瑟·埃斯乐医院住院，到了那以后，我再告诉您是否要动手术。

《鼓书艺人》的初译稿已寄给我了，我想在住院之前看完。阿穆森先生手里也有一份，他看完以后，我再和他一起商量一下需要修改的地方，然后就算定稿了。

咱们答应给哈帕的短篇您是否已寄到英国去了？

（1949 年 8 月 18 日）

阿穆森先生已去度假，我想他一定在看《鼓书艺人》呢。

下星期一上午十一点，我想带着《四世同堂》第三部的稿子去见您。明天我再和浦爱德小姐最后商量一次。

（1949 年 9 月 12 日）

我和浦爱德小姐在费城她哥哥的家里过了一个周末。和她一起在树林里散步时，我突然给《四世同堂》的英文版想到了一个很好的书名——《黄色风暴》，您觉得怎么样？星期四上午我要去见阿穆森先生。我会把有关《鼓书艺人》的一切情况都告诉您的。

启　程

（1949 年 9 月 21 日）

和您在电话里谈过之后，我觉得最好还是把我在香港的地址留给您：

香港　香港大学

病理系

侯宝璋先生转

“S. Y. SHU”是我英文签名“SHEH—YU SHU”（舒舍予）的简写。

我高兴回到祖国来，祖国已不是半封建半殖民地的国家，而是崭新的，必能领导全世界被压迫的人民走向光明，自由，与幸福的路途上去的伟大力量！

第六章

晚年逢盛世

由三藩市到天津

·旧金山·

到三藩市（旧金山）恰好在双十节之前，中国城正悬灯结彩，预备庆贺。在我们的侨胞心里，双十节是与农历新年有同等重要的。

常听人言：华侨们往往为利害的，家庭的，等等冲突，去打群架，械斗。事实上，这已是往日的事了；为寻金而来的侨胞是远在一八五〇年左右；现在，三藩市的中国城是建设在几条最体面，最冲要的大街上，侨胞们是最守法的公民；械斗久已不多见。

可是，在双十的前夕，这里发生了斗争，打伤了人。这次的起打，不是为了家族的，或私人间利害的冲突，而是政治的。

青年们和工人们，在双十前夕，集聚在一堂，挂起金星红旗，庆祝新中国的诞生。这可招恼了守旧的，反动的人们，就派人来捣乱。红旗被扯下，继以斗殴。

双十日晚七时，中国城有很热闹的游行。因为怕再出事，五时左右街上已布满警察。可惜，我因有个约会，没能看到游行。事后听说，游行平安无事；队伍到孙中山先生铜像前致敬，并由代表们献剑给蒋介石与李宗仁，由总领事代收。

全世界已分为两大营阵，美国的华侨也非例外：一方面悬起红旗，另一方面献剑给祸国殃民的匪酋。

在这里，我们应当矫正大家常犯的一个错误——华侨们都守旧，落后。不，连三藩和纽约，都有高悬红旗，为新中国欢呼的青年与工人。

就是在那些随着队伍，去献剑的人们里，也有不少明知蒋匪昏暴，而看在孙中山先生的面上，不好不去凑凑热闹的。另有一些，虽具有爱国的高度热诚，可是被美国的反共宣传所惑，于是就很怕“共产”。

老一辈的侨胞，能读书的并不多。晚辈们虽受过教育，而读不到关于中国的英文与华文书籍。英文书很少，华文书来不到。报纸呢（华文的）又多被二陈所控制，信意的造谣。这也就难怪他们对国事不十分清楚了。

纽约的华侨日报是华文报纸中唯一能报导正确消息的。我们应多供给它资料——特别是文艺与新政府行政的纲领与实施的办法。此外，也应当把文艺图书，刊物，多寄去一些。

·香港·

下船好几天了，我还觉得床像是在摇晃。海上的颠簸使我的坐骨神经痛复发了，到现在几乎还无法行走。香港大学又在山上，每次出门都给我带来极大的痛苦。

我在此地已呆了十天，仍不知何时才能回到北京。此地有许多人等船北上，所以很难搞到船票。看来，我还得再呆上一段时间，我没法从这里游回家去。

两个多星期了，可我仍搞不到去北方的船票。在这期间，病痛却一天天加剧，我已根本无法行走。一位英国朋友正努力帮我搞一张到天津的船票，但我实在怀疑他是否能行，这里有成千上万的人等着离开香港。

等船，一等就是二十四天。

在这二十四天里，我看见了天津帮，山东帮，广东帮的商人们，在抢购抢卖抢运各色的货物。室内室外，连街上，入耳的言语都是生意经。他们庆幸虽然离弃了上海天津青岛，而在香港又找到了投机者的乐园。

遇见了两三位英国人，他们都稳稳当当的说：非承认新中国不可了。谈到香港的将来，他们便微笑不言了。

一位美国商人告诉我："我并不愁暂时没有生意；可虑的倒是将来中外贸易的路线！假若路线是'北'路，我可就真完了！"

我可也看见了到广州去慰劳解放军的青年男女们。他们都告诉我："他们的确有纪律，有本事，有新的气象！我们还想再去！"

好容易，我得到一张船票！

不像是上船，而像一群猪入圈。码头上的大门不开，而只在大门中的小门开了一道缝。于是，旅客，脚行，千百件行李，都要由这缝子里钻进去。嚷啊，挤啊，查票啊，乱成一团。"乐园"吗？哼，这才真露出殖民地的本色。花钱买票，而须变成猪！这是英国轮船公司的船啊！

挤进了门，印度巡警检查行李。给钱，放行。不出钱，等着吧，那黑大的手把一切东西都翻乱，连箱子再也关不上。

一上船，税关再检查。还得递包袱！

呸！好腐臭的“香”港！

· 天津 ·

二十八日夜里开船。船小（二千多吨），浪急，许多人晕船。为避免遭遇蒋家的炮舰，船绕行台湾外边，不敢直入海峡。过了上海，风越来越冷，空中飞着雪花。许多旅客是睡在甲板上，其苦可知。

十二月六日到仁川，旅客一律不准登岸，怕携有共产党宣传品，到岸上去散放。美国防共的潮浪走得好远啊，从三藩市一直走到朝鲜！

九日晨船到大沽口。海河中有许多冰块，空中落着雪。离开华北已是十四年，忽然看到冰雪，与河岸上的黄土地，我的泪就不能不在眼中转了。

因为潮水不够，行了一程，船便停在河中，直到下午一点才又开动；到天津码头已是掌灯的时候了。

税关上的人们来了。一点也不像菲律宾和香港的税吏们，他们连船上的一碗茶也不肯喝。我心里说：中国的确革新了！

我的腿不方便，又有几件行李，怎么下船呢？幸而马耳先生也在船上，他奋勇当先的先下去，告诉我：“你在这里等我，我有办法！”还有一位上海的商人，和一位原在复旦，现在要入革大的女青年，也过来打招呼：“你在这里等，我们先下去看看。”

茶房却比我还急：“没有人来接吗？你的腿能走吗？我看，你还是先下去，先下去！我给你搬行李！”经过这么三劝五劝，我把行李交给他，独自慢慢扭下来；还好，在人群中，我只跌了“一”跤。

检查行李是在大仓房里，因为满地积雪，不便露天行事。行李，一行行的摆齐，丝毫不乱；税务人员依次检查。检查得极认真。换钱——旅客带着的外钞必须在此换兑人民券——也是依次而进，秩序井然。谁说中国人不会守秩序！有了新社会，才会有新社会的秩序呀！

又遇上了马耳和那两位青年。他们扶我坐在衣箱上，然后去找市政府的交际员。找到了，两位壮实，温和，满脸笑容的青年。他们领我去换钱，而后代我布置一切。同时，他们把我介绍给在场的工作人员，大家轮流着抽空儿过来和我握手，并问几句美国的情形。啊，我是刚入了国门，却感到家一样的温暖！在抗战中，不论我在哪里，“招待”我的总是国民党的特务。他们给我的是恐怖与压迫，他们使我觉得我是个小贼。现在，我才又还原为人，在人的社会里活着。

检查完，交际员们替我招呼脚行，搬运行李，一同到交际处的招待所去。到那里，已是夜间十点半钟；可是，滚热的菜饭还等着我呢。

没能细看天津，一来是腿不能走，二来是急于上北京。但是，在短短的两天里，我已感觉到天津已非旧时的天津；因为中国已非旧时的中国。更有滋味的是未到新中国的新天津之前，我看见了那渐次变为法西斯的美国，徬徨歧路的菲律宾，被军事占领的日本，与殖民地的香港。从三藩市到天津，即是从法西斯到新民主主义，中间夹着这二者所激起的潮浪与冲突。我高兴回到祖国来，祖国已不是半殖民地半封建的国家，而是崭新的，必能领导全世界被压迫的人民走向光明，和平，自由，与幸福的路途上去的伟大力量！

致劳埃得

（1950年2月27日）

回到北京后，我一直忙于读书和写作。本想到各处多走走，多看看，好为写作搜集些素材，但坐骨神经一直疼得厉害，结果我只好呆在家里，在阅读中获得新知识。

虽然经过十五年的分离，我的三个姐姐（七十三岁、七十岁和六十四岁）还都住在北京，身体也都尚好。我大哥也住在这里。他们看见最小的弟弟终于回来了，都非常高兴。两年前，我哥哥差点饿死。现在他的孩子全有了工作，他自己也恢复了健康。他们全都非常喜欢这个对人民真好的新政府。

我的家眷将要从重庆回到北京，我得给他们准备房子。北京现在又成了首都，想要找一处合适的房子既贵又困难。如果您能给我寄五百美元到香港，再由侯先生（香港大学病理系侯宝璋大夫）转寄给我，我将非常高兴。

那部长篇小说进行得怎么样了？我听说阿穆森先生不再为雷诺和希契科克公司工作了，是真的吗？

（1950年7月7日）

非常抱歉，这么长时间没给您写信了。我正忙于筹建北京市文学艺术工作者联合会的工作和写作。刚刚完成一部五幕话剧剧本的写作工作，不久就能公演了。

谢谢您把五百美元寄到香港。侯先生已转寄给我。我很高兴你告诉我《四世同堂》的译稿仍保存得很好。请您转告浦爱德小姐，我太忙了，实在找不出给她写信的时间。还请您告诉她，现在北京的湖和河全都重新治理过了，水都变得干净了。今年的小麦收成比去年要好，饥荒就要过去了。

（1950年8月26日）

那个五幕话剧现已交给一位导演，估计九月就能公演了。我的另一部短剧也可望于今年十二月公演。北京文学艺术工作者联合会已经成立，我担任主席。我现在要干的事太多，实在是太忙了。

今年夏天天气很热，不过最近两天凉快了一点。市场上梨、苹果、桃子很多。我的小女儿（小立）除了苹果什么都不吃，她晚上还要在床上藏几个苹果。

北京现在很好，通货膨胀已经过去，人人都感到欢欣鼓舞。食物也充足。人们开始爱新政府了。

关于哈科克和布雷斯公司提出的共同分享额外编辑费的问题，我看我们应该同意，他们支出得太多了，我们要帮助他们。

请将随信寄去的短信和十五美元寄给罗伯特·兰得先生。地址如下：

作家协会

东三十九街三号

纽约十六

（1950年11月17日）

我的工作十分忙，所以一直没给您写信。

除了坐骨神经疼之外，我很健康。我想方设法治疗，可全都无济于事。不知道什么时候，用什么办法才能去掉这烦人的痛苦。

（1951年5月3日）

作为北京文联的主席，我要干的事太多，简直找不出时间来处理我自己的私事。北京现有二百万人口。有许多艺术家住在这里，我必须努力帮助他们。

我很想看到《黄色风暴》的样书，不知什么时候才能收到您寄给我的样书。我希望您能寄两本样书给瞿同祖先生（纽约一二三西街，五十二公寓四三五号），一本给他，一本给我，他会通过香港把样书寄给我的。您也可以通过他把东西或钱寄给我。

浦爱德小姐已给我几份有关《黄色风暴》的评论文章。看来他们都很喜欢这部小说。

（1951 年 5 月 21 日）

听说您寄给我的样书（《黄色风暴》）已到了香港，我的朋友侯先生会设法转寄给我的。瞿同祖先生住在纽约一二三西街的五十二公寓四三五号，他也会帮您把书和钱寄给我，他是我的一位好朋友，他可以在您给我的信的信封上写中文。

这段日子我一直很忙，坐骨神经痛也一直没停，我想尽了一切办法，可全都无效。

我家的白猫生了三只小猫——一只白的，两只黄白花的。可我家的小鸟死了，这下可给了我小女儿一个大哭一场的机会。

（1951 年 7 月 23 日）

今年北京的夏天很热。我每天只能在大清早写一会，下午就热得没法工作了。北京有许多美丽的公园，在那里我可以休息，吸到新鲜空气。可坐骨神经痛使我没法走到公园。过去三个月里，我只完成了一个短的电影剧本，其他别无建树。

对于新中国，有许许多多的事情可以说，总的可以归结为一句话：政府好。中国人民弄不清美国政府为什么要反对北京的好政府，而支持台湾的坏政府。

十分感激您告诉我《黄色风暴》将在英国出版，我很高兴。

请给瞿同祖先生五百美元。他的家眷在北京，他们会把钱交给我的。

（1952 年 4 月 1 日）

我现在仍忙于写那部话剧。不知何时才能完成。新社会激励全国的作家奋发写作，每一位作家都在辛勤耕耘。冬天就要过去了，北京的春天很美。我养了许多花，侍弄这些花为我在写作的间隙提供了一个休息的机会。坐骨神经痛稍稍好了一点。我也该做些轻微的运动了，浇花对我来说就是一种轻微的运动。

（1952年5月14日）

感谢您一九五二年三月七日的来信。两天前我收到两本《鼓书艺人》的样书，售价那么高，而书本身又不是太好，我怀疑是否能有好销路。您如果能给我寄些关于这本书的评论文章，我将不胜感激。对《黄色风暴》的评论大都是称赞的，但我怀疑《鼓书艺人》是否还会获得同样的好评。

我一直很忙，不过值得庆幸的是我的坐骨神经痛好了一点，这要感谢维生素B针剂。

（1952年10月1日）

对不起，这只能是一个短短的便条，我要做的事情实在是太多了。《牛天赐传》是我的一部不重要的作品，不值得译成英文。我对柯林先生本人及其用意一无所知。请告诉哈科克和布雷斯公司，这部书不好。如果其他出版商想出版的话，那么他们一定要经过您，在美国您是我一切书籍的出版代理人。

“歌德”

纵使我有司马迁和班固的文才与知识，我也说不全，说不好……我爱，我热爱，这个新社会啊!

· 作个学生 ·

在天坛举行了控诉恶霸的大会。

本来，我的腿病警告我：不要去吧，万一又累垮了！可是，我没接受这警告。我这么想：要搞通思想，非参加社会活动不可；光靠书本是容易发生偏差的。

会场是在天坛的柏林里。我到得相当早，可是林下已经坐满了人。往四下看了看，我看到好些个熟识的脸。工人，农人，市民们，教授，学生，公务人员，艺人，作家，全坐在一处。我心里说：这是个民主的国家了，大家坐在一处解决有关于大家的问题。解放前，教授们哪有和市民们亲热的坐在一处的机会呢。

开会了。台上宣布开会宗旨和恶霸们的罪状。台下，在适当的时机，一组跟着一组，前后左右，喊出“打倒恶霸”与“拥护人民政府”的口号；而后全体齐喊，声音像一片海潮。人民的声音就是人民的力量，这力量足以使恶人颤抖。

恶霸们到了台上。台下多少拳头，多少手指，都伸出去，像多少把刺刀，对着仇敌。恶霸们，满脸横肉的恶霸们，不敢抬起头来。他们跪下了。恶霸的“朝代”过去了，人民当了家。

老的少的男的女的，一一的上台去控诉。控诉到最伤心的时候，台下许多人喊“打”。我，和我旁边的知识分子，也不知不觉的喊出来：“打！为什么不打呢？！”警士拦住去打恶霸的人，我的嘴和几百个嘴一齐喊：“该打！该打！”

这一喊哪，教我变成了另一个人！

我向来是个文文雅雅的人。不错，我恨恶霸与坏人；可是，假若不是在控诉大会上，我怎肯狂呼“打！打！”呢？人民的愤怒，激动了我，我变成了大家中的一个。他们的仇恨，也是我的仇恨；我不能，不该，“袖手旁观”。群众的力量，义愤，感染了我，教我不再文雅，羞涩。说真的，文雅值几个钱一斤呢？恨仇敌，爱国家，才是有价值的，崇高的感情！书生的本色变为人民的本色才是好样的书生！

有一位控诉者控诉了他自己的父亲！除了在这年月，怎能有这样的事呢！我的泪要落下来。以前，中国人讲究“子为父隐，父为子隐”，于是隐来隐去，就把真理正义全隐得没有影儿了。今天，父子的关系并隐埋不住真理；真理比爸爸更大，更要紧。父亲若是人民的仇敌，儿子就该检举他，控诉他。一个人的责任，在今天，是要对得起社会；社会的敌人，也就是自己的敌人；敌人都该消灭。这使我的心与眼都光亮起来。跪着的那几个是敌人，坐着的这几万人是“我们”，像刀切的那么分明。什么“马马虎虎”，“将就将就”，“别太叫真”这些常在我心中转来转去的字眼，全一股脑儿飞出去；黑是黑，白是白，没有第二句话。这么一来，我心里清楚了。也坚定了；我心中有了劲！

这不仅是控诉几个恶霸，而是给大家上了一堂课。这告诉我曾受过恶霸们欺负的人们：放胆干吧，检举恶霸，控诉恶霸，不要再怕他们！有毛主席给我们作主，我们还怕什么呢？检举了恶霸们，不单是为个人复仇，也是为社会除害啊！这告诉了我，和跟我一样文文雅雅的人们：坚强起来，把温情与文雅丢开，丢得远远的；伸出拳头，瞪起眼睛，和人民大众站在一起，面对着恶霸，斗争恶霸！恶霸们并不是三头六臂的，而是在我们眼前跪着，颤抖着的家伙们。恶霸们不仅欺负了某几个人，与我们无关；他们是整个社会的仇敌！

一位卖油饼的敦厚老实的老人控诉恶霸怎样白吃了他的油饼，白吃了三十年！控诉完了，他转过身去，向毛主席的像规规矩矩的鞠了一躬。这一鞠躬的含义是千言万语也解释不过来的。我也要立起来，也鞠那么一躬！人民是由心里头感激毛主席。不是仅在嘴皮子上说说的！

这样，我上了一课，惊心动魄的一课。我学到了许多有益处的事。这些事教我变成另一个人。我不能再舍不得那些旧有的习惯，感情，和对人对事的看法。我要割弃它们像恶霸必须被消灭那样！我要以社会的整体权衡个人的利害与爱憎，我要分清黑白，而不在灰影儿里找道理，真的，新社会就是一座大学校，我愿在这个学校里作个肯用心学习的学生。

· 文艺新生命 ·

一九四九年年尾，由国外回来，我首先找到了一部《毛泽东选集》。头一篇我读的是毛主席《在延安文艺座谈会上的讲话》。

读完了这篇伟大的文章，我不禁狂喜。在我以前所看过的文艺理论里，没有一篇这么明确地告诉我：文艺是为谁服务的，和怎样去服务的。可是，狂喜之后，我发了愁。我怎么办呢？是继续搞文艺呢，还是放弃它呢？对着毛主席给我的这面镜子，我的文艺作家的面貌是十分模糊了。以前，我自以为是十足的一个作家，此刻，除了我能掌握文字，懂得一些文艺形式之外，我什么也没有！毛主席指示：文艺须为工农兵服务。我怎么办呢？从我开始学习文艺写作起，二十多年来，我的思想、生活、作品都始终是在小资产阶级里绕圈圈。我最远的“远见”是人民大众应当受教育，有享受文艺的能力与权利。享受什么样的文艺呢？很简单：我写，大家念。我写什么呢？随便！我写什么，大家念什么。一个小资产阶级的确是可以这样狂傲无知的。这种狂傲使我对于工农兵，恰如毛主席所说的，缺乏接近，缺乏了解，缺乏研究，缺乏知心朋友，不善于描写他们。我真发了愁。

毛主席提出了文艺服从于政治的道理。这又使我手足失措。我在小资产阶级的圈子里既已混了很久，我的思想、生活、作品，已经都慢慢地瘫痪了。我每每觉得我可以不吸收任何新思想，还是照旧可以写东西。我的生活方式呢，似乎也恰好是一个文人所应有的，不必改变。作品呢，不管有无内容，反正写得光滑通顺，也就过得去了。这样的瘫痪已久，使我没法子不承认：文艺不但可以和政治分家，也应当分家；分了家日子好过！我以为，仗着一点小聪明和长时间的写作经验，我就可以安安稳稳的吃文艺饭。可是，毛主席告诉了我和类似我的人：你们错了，文艺应当服从政治！

我怎么办呢？

首先，我决定了态度：我要听毛主席的话，跟着毛主席走！听从毛主席的话是光荣的！假若我不求进步，还以老作家自居，连毛主席的话也不肯听，就是自暴自弃！我要在毛主席的指示里，找到自己的新文艺生命。

态度决定了，我该从哪里下手去实践呢？我不敢随便地去找一点新事物，就动手写小说或剧本；我既没有革命锻炼，又没有足够的思想改造学习和新社会生活的体验，若是冒冒失失地去写大部头的作品，必会错误百出。我得忘了我是有二十多年写作经验的作家，而须自居为小学生，从头学起。这样，我决定先写通俗文艺，这并不是说，通俗文艺容易写，思想性与艺术性可以打折扣，而是说通俗文艺，像快板与相声，篇幅都可以不求很长，较比容易掌握。

在从前，我写一篇一百句左右的鼓词，大概有两三天就可以交卷；现在须用七八天的工夫，我须写了再写，改了再改。在文字上，我须尽力控制，既不要浮词滥调，又须把新的思想用通俗语言明确地传达出来，这很不容易。在思想上，困难就更多了。当我决定写某件事物的时候，对那件事物我必定已有一定程度的了解。可是，赶到一动笔，那点了解还是不够用，因为一篇作品，不管多么短小，必须处处结实、具体。我的了解只是大致不差，于是字里行间就不能不显出只知其一，不知其二的贫乏与毛病。有时候，正笔写得不错，而副笔违反了政策。有时候，思想写对了，可是文字贫弱无力，没有感情——只把政治思想翻译一下，而没有对政治思想所应有的热情，就一定不会有感动的力量。有时候……困难很多！可是我决定：第一不要急躁，第二不要怕求别人。我既决定听从毛主席的指示：思想改造必须彻底，也就必是长时间的事；我就不能急躁。我必须经常不断地学习，以求彻底解决。以前，我可以凭“灵感”，信笔一挥，只求自己快意一时，对读者却不负责任。现在，我要对政治思想负责，对读者负责，急于成功会使我由失望而自弃。另一方面，我须时时请教别人。时常，我的客人，共产党员或是有新思想的人，就变成我的批评者；我要求他们多坐一会儿，听我朗读文稿；一篇稿子不知要朗读多少回，读一回，修改一回。我自己的思想不够用，大家的思想会教我充实起来；当他们给我提出意见的时候，他们往往不但指出作品上的错处，而且也讲到我的思想上的毛病，使我明白为什么写错了的病根。

这样，写一小段，我就得到一些好处。虽然我从书本上学来的新思想不很多（到今天我还是有些怕读理论书籍），可是因为不断地习作，不断地请教，我逐渐地明白了我应当怎样把政治思想放在第一位，而不许像从前那样得到一二漂亮的句子便沾沾自喜。虽然我因有严重的腿疾，不能马上到工厂、农村或部队里去体验生活，可是因为不断地习写通俗文艺，我已经知道了向工农兵学习的重要；只要腿疾好些，我就会向他们学习去。虽然二年来我所写过的通俗文艺作品并非都没有毛病，可是这已给了我不少鼓励：放下老作家的包袱，不怕辛苦，乐于接受批评，就像是我这样学问没什么根底，思想颇落后的作家，也还有改造自己的可能，有去为人民服务的希望。

不管我写多么小的一个故事，我也必须去接触新的社会生活；关起门来写作，在今天，准连一句也写不出。为写一小段鼓词，我须去调查许多资料，去问明白有什么样政治思想上的要求。这样，我就知道了一些新社会是怎样在发展，和依照着什么领导思想而发展的。一来二去，接触的多了，我就热爱这个天天都在发展进步的新社会了。是的，我必须再说一遍，我缺乏有系统的学习政治理论与文艺理论。可是，赶到因为写作的需要，看到了新社会的新气象新事物，我就不能不动心了。我要歌颂这新社会的新事物，我有了向来没有的爱社会国家的热情。自然，有人说我这样先看见，后歌颂，是被动的，不会写出有很高思想性与创造性的作品来。可是，我是由旧社会过来的人，假若我自诩能够一下子就变成为今天的思想家，就是自欺欺人。我只能热情地去认识新社会，认识多少，就歌颂多少；我不应该因我的声音微弱而放弃歌颂。写不了大部头的小说，我就用几十句快板去歌颂。以我的小小的才力，我不该幻想一写就写出一鸣惊人的作品来；若因不能一鸣惊人，就连快板也不写，我便完全丧失了文艺生命，变成废物。我不再想用作品证明我是个了不起的文人，我要证明我是新文艺部队里的一名小兵，虽腿脚不利落，也还咬着牙随着大家往前跑。

慢慢地，我开始写剧本。《方珍珠》与《龙须沟》的背景都是北京；我是北京人，知道一些北京的事情。我热爱北京，看见北京人与北京城在解放后的进步与发展，我不能不狂喜，不能不歌颂。我一向以生在北京自傲，现在我更骄傲了，北京城是毛主席的，北京人与北京城都在毛主席的恩惠中得到翻身与进步，我怎能不写出我的与北京人的对毛主席的感谢呢！

这两个剧本（虽然《龙须沟》里描写了劳动人民）都不是写工农兵的；我还不敢写工农兵，不是不想写，我必须加紧学习，加紧矫正小资产阶级的偏爱与成见，去参加工农兵的斗争生活，以期写出为工农兵服务的作品。这两个剧本本身也有个共同的缺点，对由旧社会过来的人描写得好，对新社会新生的人物描写得不那么好。我了解“老”人，不十分了解新人物。这是个很大的教训——我虽努力往前跑，可是到底背着包袱太重，跑不快！新人物已经前进了十里，我才向前挪动了半里！这也警告了我：要写工农兵非下极大的工夫不可，万不可轻率冒失！只凭一点表面上的观察便动笔描写他们，一定会歪曲了他们的！

解放前，我的写作方法是自写自改，一切不求人；发表了以后，得到好批评就欢喜，得到坏批评就一笑置之。我现在的写作方法是：一动手写就准备着修改，决不幻想一挥而就。初稿不过是“砍个荒子”，根本不希望它能站得住。初稿写完，就朗读给文艺团体或临时约集的朋友们听。大家以为有可取之处，我就去从新另写；大家以为一无可取，就扔掉。假若是前者，我就那么再写一遍，两遍，到七八遍。有人说：大家帮忙，我怎能算作自己的作品呢？我说：我和朋友们都不那么小气！我感谢大家的帮忙，大家也愿意帮忙；文艺团体给我提意见总是经过集体的详密地讨论了的。敝帚千金，不肯求教人家，不肯更改一字，才正是我以前的坏毛病。改了七遍八遍之后，假若思想性还不很强，我还是扔掉它。我不怕白受累，而且也不会白受累——写七八遍就得到七八遍的好处，不必非发表了才算得到好处。我很后悔，我有时候还是沉不住气，轻易地发表了不很好的东西。这样，我终年是在拼命地写，发表也好，不发表也好，我要天天摸一摸笔。这似乎近于自夸了。可是，为什么在毛主席的光荣里，得到改造自己的机会，得到了新的文艺生命，而不敢骄傲呢？毛主席告诉了我应当写什么，怎么写，和为谁写，我还不感谢么，还不拼命追随么？是的，我知道，我离着一个毛泽东思想的作家还很远很远。但是，我一定要按着毛主席所指示的一步一步的往前走，决不停止。在思想上，生活上，我还有不少的毛病，我要一一的矫正，好减轻负担，向前走得快一些。解放前我写过的东西，只能当作语文练习；今后我所写的东西，我希望，能成为学习了毛主席《在延安文艺座谈会上的讲话》以后的习作。只有这样，我才不会叫“老作家”的包袱阻挡住我的进步，才能虚心地接受批评，才能得到文艺的新生命。

·《龙须沟》·

在我的二十多年的写作经验中，写《龙须沟》是个最大的冒险。不错，在执笔以前，我阅读了一些参考资料，并且亲临其境去观察；可是，那都并没有帮助我满膛满馅的了解了龙须沟。

不过冒险有时候是由热忱激发出来的行动，不顾成败而勇往直前。我的冒险写《龙须沟》就是如此。看吧！龙须沟是北京有名的一条臭沟。沟的两岸住满了勤劳安分的人民，多少年来，反动政府视人民如草芥，不管沟水（其实，不是水，而是稠嘟嘟的泥浆）多么臭，多么脏，多么有害，向来没人过问。不单如此，贪官们还把人民捐献的修沟款项吞吃过不止一次。一九五〇年春，人民政府决定替人民修沟，在建设新北京的许多事项里，这是件特别值得歌颂的。因为第一，政府经济上并不宽裕，可是还决心为人民除污去害。第二，政府不像先前的反动统治者那么只管给达官贵人修路盖楼房，也不那么只管修整通衢大路，粉饰太平，而是先找最迫切的事情作。尽管龙须沟是在偏僻的地方。政府并不因它偏僻而忽视它。这是人民政府，所以真给人民服务。

这样，感激政府的岂止是龙须沟的人民呢，有人心的都应当在内啊！我受了感动，我要把这件事写出来，不管写得好与不好，我的感激政府的热诚使我敢去冒险。

在写这本剧之前，我阅读了修建龙须沟的一些文件，还亲自看修建工程的进行，并请托人民艺术剧院的青年同志随时到龙须沟打听我所要了解的事——我有腿疾，不能多跑路。大致的明白了龙须沟是怎么一回事之后，我开始想怎样去写它。

可是，怎么写呢？我没法把臭沟搬到舞台上去；即使可能，那也不是叫座儿的好办法。我还得非写臭沟不可！假若我随便编造一个故事，并不与臭沟密切结合，便是只图剧情热闹，而很容易忘掉反映首都建设的责任；我不能那么办，我必须写那条沟。想来想去，我决定了：第一，这须是一本短剧，至多三幕，因为越长越难写；第二，它不一定有个故事，写一些印象就行。依着这些决定，我去思索，假如我能写出几个人物来，他们都与沟有关系，像沟的一些小支流，我不就可以由人物的口中与行动中把沟烘托出来了么？他们的语言与动作不必是一个故事的联系者，而是臭沟的说明者。

假若《龙须沟》剧本也有可取之处，那就必是因为它创造出了几个人物——每个人有每个人的性格，模样，思想，生活，和他（或她）与龙须沟的关系。这个剧本没有任何组织过的故事，没有精巧的穿插，而专凭几个人物支持着全剧。没有那几个人就没有那出戏。戏既小，人物就不要多。我心中看到一个小杂院，紧挨着臭沟沿儿。几位老幼男女住在这个杂院里，一些事情发生在这小院里。好，这个小院就是臭沟沿上的一块小碑，说明臭沟的罪恶。是的，他们必定另有许多生活上的困难，我可是不能都管到。我的眼睛老看着他们与臭沟的关系。这样，我就抓住臭沟不放，达到我对人民政府为人民修沟的歌颂。至于其中缺乏故事性，和缺乏对人物在日常生活中的描写，就没法去兼顾了。

这本戏很难写。多亏了人民艺术戏剧的领导者与工作者给了许多鼓励与帮助，才能写成。他们要去初稿，并决定试排。我和他们又讨论了多次，把初稿加以补充与修改。在排演期间，演员们不断地到龙须沟——那里奇臭——去体验生活。剧院敢冒险的采用这不像戏的戏，和演员们的不避暑热，不怕脏臭，大概也都为了：有这样的好政府而我们吝于歌颂，就是放弃了我们的责任。

焦菊隐先生抱着病来担任导演，并且代作者一字一句的推敲剧本，提供改善意见，极当感谢。

在朝鲜

· 梅大师 ·

一九五三年十月，我随同中国人民第三届赴朝慰问团去到朝鲜。我与梅兰芳大师一同出国。

在行旅中，我们行则同车，宿则同室。在同车时，他总是把下铺让给我，他睡上铺。他知道我的腰腿有病。同时，他虽年过花甲，但因幼工结实，仍矫健如青年人。他的手不会闲着。他在行旅中，正如在舞台上，都一丝不苟地处理一切。他到哪里，哪里就得清清爽爽，有条有理，开辟个生活纪律发着光彩的境地。

在闲谈的时候，他知道的便源源本本地告诉我；他不知道的就又追问到底。他诲人不倦，又肯广问求知。他不叫已有的成就限制住明日的发展。

每逢他有演出任务的时候，在登台前好几小时就去静坐或静卧不语。我赶紧躲开他。

在朝鲜时，我们饭后散步，听见一间小屋里有琴声与笑语，我们便走了进去。一位志愿军的炊事员正在拉胡琴，几位战士在休息谈笑。他就烦炊事员同志操琴，唱了一段。唱罢，我向大家介绍他，屋中忽然静寂下来。待了好一会儿，那位炊事员上前拉住他的双手，久久不放，口中连说：梅兰芳同志！梅兰芳同志！这位同志想不起别的话来！

·美丽难忘·

慰问工作结束，我得到总团长贺龙将军的允许，继续留朝数月，到志愿军部队去体验生活。

朝鲜真美丽，山美、水美、花木美。朝鲜的美丽永难忘却。我的院后有一座小山，长满了树木。由我的小屋出来，我可以看到小山的一角。在那一角里，就有金黛莱花。

为什么这样爱那些花木、山水呢？因为朝鲜有最美丽的人民。

我住过的小村是三面有山的。因为三山怀抱，所以才没被万恶的美帝给炸掉。村里除了老弱，便是妇女。妇女操作一切：种田、修路、织布、教书……她们穿的轻便，可是色彩漂亮。她们好像和山上的金黛莱花争美。金黛莱不畏风雪。她们也好像跟花儿比赛谁更坚强。我没有见过这么美丽而坚强的妇女。我不懂她们的话，但是由她们的眼神，由她们的风度，我会看出：她们绝对不许美帝侵占她们的美丽河山与家园，不管美帝多么横暴。我也经常听见她们的歌声，虽然不懂歌词，可是我知道在极端困苦中还高声歌唱的是不会向困难低头的。

美丽的人保卫住美丽的江山。

朝鲜的男人也是坚强英勇的，我见过许多位抗敌立功的英雄。好战成性的杜勒斯时常吹牛，说美帝空军如何厉害，甚至极端无耻地夸口已把朝鲜炸光——杜勒斯所信奉的上帝不会饶恕他的狼心与毒嘴恶舌！可是，我见过朝鲜的英雄男女。他们保卫了美丽的河山，并在战后以忘我的劳动重建城市与农村，叫朝鲜比战前更美丽。朝鲜人民的美丽是杜勒斯之流不能理解的。呵，一个大资本家的奴仆怎能了解受过社会主义教育的人民有怎样美丽与崇高的品质。

我永远忘不了朝鲜风物的美丽，因为我永远忘不了那保卫美丽山河的美丽人民。我走过的每座桥，住过的每间小屋，现在一闭眼就再现出来。同时，我也再看见修桥的英雄男女，和热情招待我的小屋主人。这些人与事教育了我。在别处，我也许只看见了美丽的风景。在朝鲜，我受了美的教育，每一个英雄气概的男女都是我的先生，叫我具体地看见什么是社会主义的崇高与美丽的品质。

·《无名高地有了名》·

我在志愿军某军住了五个来月，访问了不少位强攻与坚守“老秃山”的英雄，阅读了不少有关的文件。我决定写一部小说。

可是，我写不出来。五个来月的时间不够充分了解部队生活的。我写不出人物来。

我可也不甘心交白卷。我不甘放弃歌颂最可爱的人们的光荣责任。尽管只能写点报道也比交白卷好。

于是，我把听到的和看到的资料组织了下，写成《无名高地有了名》只能算作一篇报道。

我要对志愿军某军的军、师、团、营与连的首长们、干部们和战士们作衷心的感谢！没有他们的鼓励、照顾和帮助，尽管是一篇报道，我也不会写成！

篇中的人物姓名都不是真的，因为“老秃山”一役出现了许多英雄功臣，不可能都写进去，挂一漏万也不好。

十年笔墨与生活

·创作生活·

十年来，我主要的是写剧本与杂文。

是，我并没有写出来优秀的作品。可是，我的笔墨生活却同社会生活的步伐是一致的。这就使我生活得高兴。我注视着社会，时刻想叫我的笔追上眼前的奔流。我的才力有限，经验有限，没能更深刻地了解目前的一切。可是，我所能理解到的那一点，就及时地反映在作品中，多少尽到些鼓舞人民前进的责任，报答人民对我的鼓舞。我惭愧，没能写得更好一些，可是我也高兴没叫时代远远地抛弃在后边。时代的急流是不大照顾懒汉的。写那些通俗文艺的小段子，用具体的小故事宣传卫生，解释婚姻法，或破除迷信等等。文章小，文章通俗，并不损失作者的身份，只要文章能到人民的手中去，发生好的作用。我也帮忙编辑《说说唱唱》——一个全国性的通俗文艺刊物。因编辑这个刊物，我接触到有关于民间文艺的种种问题，丰富了我对继承民间文艺传统和发扬文艺的民族风格等等的知识。从实际工作中得到了知识，也就得到了快乐。于此，我体会出“自觉的劳动”的意味。

因为接触到继承民族文艺传统等问题，我的那一点古典文艺知识就有了用处。我给《说说唱唱》的编辑部的和其他的青年朋友们时时讲解一下，帮助他们多了解一些古典文艺的好处，并就我所能理解的告诉他们怎样学习和怎样运用古典文艺遗产。毛主席的“百花齐放，推陈出新”的指示是正确而美丽的。我们的创作既不能故步自封，也不能粗鲁地割断历史，既要有现实主义的内容，又要有多种多样的形式。

我本来不大会写剧本。十年来，我一共写了十多本话剧与戏曲。其中有的被剧院演用，有的扔掉。我是在学习。出废品正是学习过程中难以避免的，失败一次就长一次经验。因此，即使失败了，也不无乐趣。不怕失败，就会长本事。我的确觉得越多写便越写得好一些，功夫是不亏负人的。写完一本戏，当然要去找导演与演员们讨论讨论。他们是内行。跟内行人谈谈，自然而然地就会长见识。就是这样，我慢慢地理解了一些舞台技巧。这又是一种乐趣。在新社会里，人人愿把本领传给别人。只要肯学习，机会就很多。我把我的作品叫做“民主剧本”。这就是说，我欢迎大家提意见，以便修改得更好一些。当然，修改是相当麻烦的。可是，只要不怕麻烦，麻烦便带来乐趣。况且，导演与演员并不只诚恳地提意见，他们也热诚地帮助我。我有相当严重的腿病。为打听一件事，他们会替我跑许多路；为深入地了解一件事，他们会替我下乡或下工厂，住在那里，进行体验。这十年来，我交了多少朋友啊！我的民主剧本得到多少导演与演员的支持啊！这难道不是乐事么？大家协作是新社会里的一种好风气。剧本演出后，观众们也热情地提意见，这又是一种协作。

人与人的关系变了。这就是我笔下的主要内容。我写了艺人，特别是女艺人，在从前怎样受着剥削与虐待，而在解放后他们却被视为艺术家，不但不再受剥削与虐待，而且得到政治地位——是呀，现在全国有不少男女艺人做了地方的和全国的人民代表或政协委员！我在解放前就与他们为友，但是除了有时候给他们写点唱词，无法帮助他们解决其他的问题。现在，不但他们的问题解决了，而且有不少人也有了文化，会自己编写唱词了。

我也写了一般的贫苦劳动人民如何改善了环境，既不再受恶霸们的欺压凌辱，又得到了不脏不臭的地方进行劳动。这就是我的《龙须沟》的主题。

在我的剧本中，我写出许多妇女的形象。在旧社会里，一般的人民都很苦，妇女特别苦。在新社会里，首先叫我受到极大感动的就是妇女的地位提高。从一个欢欢喜喜地去工作的媳妇或姑娘身上，我看见了人与人的关系的大变化。男女平等了。我不能不歌颂这个大变化！妇女跟男人一样地创造着新时代的历史。去年我写的《红大院》，和今年的《女店员》与《全家福》都涉及妇女解放这个振奋人心的主题。戏也许没有写好，但是我的喜悦是无法扼止的。

是的，我写了许多方面的事实与问题[1]，因为这些事实与问题就都在我的眼前。看见了，我就要写。而且我不能作为旁观者去写，我要立在剧中人物中间，希望我是他们中的一个。这样，我才能成为群众的学生，有了非写不可的热情。假若我的作品缺乏艺术性，不能成为杰作，

---

[1] 老舍作品中的《西望长安》即是此类型文章。

那只是因为我向人民学习得还太不够，脱离了群众。哪里去找创作的源泉呢？难道只凭我个人的想象，就能找到新时代的人与人的关系，新颖的艺术形式，与活生生的语言么？我不敢那么狂妄！

十年来，我写了一些作品，应当感谢人民！是人民给了我值得写的人物与事实，给了我简练有力的语言。我要继续向他们学习，以期得到更好一些的创作成就。

·鼓舞与启示·

我也必须提到，无论我写大作品也好，小作品也好，我总受到领导上的无微不至的帮助。在国民党的黑暗统治下，我是经常住在“沙漠”里。这就是说：我工作不工作，没人过问；我活着还是死去，没人过问。国民党只过问一件事——审查图书原稿。不，他们还管禁书和逮捕作家！今天，为写一点东西，我可以调阅多少文件，可以要求给我临时助手，可以得到参观与旅行的便利，可以要求首长们参加意见——当北京人民艺术剧院排演我的《春华秋实》话剧的时候，北京市三位市长都在万忙中应邀来看过两三次，跟我们商议如何使剧本更多一点艺术性与思想性。当我的《龙须沟》(并非怎么了不起的一本话剧)上演后，市长便依照市民的意见，给了我奖状。党与政府重视文艺，人民重视文艺，文艺工作者难道能够不高兴不努力么？我已有三十年的写作生活，可是只有在最近的新社会里我才得到一个作家应得的尊重。

在精神上我得到尊重与鼓舞，在物质上我也得到照顾与报酬。写稿有稿费，出书有版税，我不但不像解放前那样愁吃愁喝，而且有余钱去珍藏几张大画师齐白石老先生的小画，或买一两件残破而色彩仍然鲜丽可爱的康熙或乾隆时代的小瓶或小碗。在我的小屋里，我老有绘画与各色的磁器供我欣赏。在我的小院中，我有各种容易培植的花草。我有腿病，不能作激烈的运动，浇花种花就正合适。我现在已不住在“沙漠”里了！

我一年到头老不断地工作。除了生病，我不肯休息。我已经写了不少东西，可是还嫌写的太少。新社会里有多少新人新事可写啊！只要我肯去深入生活，无论是工、是农、还是兵，都有取之不尽，用之不竭的写作资料。每一工厂，每一农村，每一部队单位，都像一座宝山，奇珍异宝俯拾即是。要写工农兵，是给作家开辟了一个新的世界，多么现实，多么丰富，多么美丽的新世界啊！要为工农兵写，是给作家一个新的光荣任务。现在，我几乎不敢再看自己在解放前所发表过的作品。那些作品的内容多半是个人的一些小感触，不痛不痒，可有可无。它们所反映的生活，乍看确是五花八门；细一看却无关宏旨。那时候，我不晓得应当写什么，所以抓住一粒砂子就幻想要看出一个世界；我不晓得为谁写，所以把自己的一点感触看成天大的事情。这样，我就没法不在文字技巧上绕圈子，想用文字技巧遮掩起内容的空虚与生活的贫乏。今天，我有了明确的创作目的。为达到这个目的，我须去深入生活；难道深入生活是使作家吃亏的事么？只有从生活中掏出真东西来，我才真能自由地创作。在解放前，我为该写什么时常发愁，即使没有那个最厉害的图书审查制度，我也发愁——没有东西可写啊！今天，我可以自由地去体验生活；生活丰富了，我才能够自由地写作。假若我闭上眼不看现实的生活，而凭着幻想写点虚无缥缈的东西，那是浪费笔墨，不是自由——人民不看虚无缥缈的东西，人民愿意从作品中得到教育与娱乐，看到怎么过更美好幸福的日子的启示！

·《茶馆》与文学规律·

《茶馆》这出戏是怎么写的，为什么要单单写一个茶馆呢?

茶馆是三教九流会面之处，可以多容纳各色人物。一个大茶馆就是一个小社会。这出戏虽只有三幕，可是写了五十来年的变迁。在这些变迁里，没法子躲开政治问题。可是，我不熟悉政治舞台上的高官大人，没法子正面描写他们的促进与促退。我也不十分懂政治。我只认识一些小人物，这些人物是经常下茶馆的。那么，我要是把他们集合到一个茶馆里，用他们生活上的变迁反映社会的变迁，不就侧面地透露出一些政治消息么？这样，我就决定了去写《茶馆》。

人物多，年代长，不易找到个中心故事。我采用了四个办法：(一）主要人物自壮到老，贯穿全剧。这样，故事虽然松散，而中心人物有些着落，就不至于说来说去，离题太远，不知所云了。此剧的写法是以人物带动故事，近似活报剧，又不是活报剧。此剧以人为主，而一般的活报剧往往以事为主。(二）次要的人物父子相承，父子都由同一演员扮演。这样也会帮助故事的联续。这是一种手法，不是在理论上有何根据。在生活中，儿子不必继承父业；可是在舞台上，父子由同一演员扮演，就容易使观众看出故事是联贯下来的，虽然一幕与一幕之间相隔许多年。(三）我设法使每个角色都说他们自己的事，可是又与时代发生关系。这么一来，厨子就像厨子，说书的就像说书的了，因为他们说的是自己的事。同时，把他们自己的事又和时代结合起来，像名厨而落得去包办监狱的伙食，顺口说出这年月就是监狱里人多；说书的先生抱怨生意不好，也顺口说出这年头就是邪年头，真玩艺儿要失传……因此，人物虽各说各的，可是又都能帮助反映时代，就使观众既看见了各色的人，也顺带着看见了一点儿那个时代的面貌。这样的人物虽然也许只说了三五句话，可是的确交代了他们的命运。（四）无关紧要的人物一律招之即来，挥之即去，毫不客气。

这样安排了人物，剧情就好办了。有了人还怕无事可说吗？有人认为此剧的故事性不强，并且建议：用康顺子的遭遇和康大力的参加革命为主，去发展剧情，可能比我写的更像戏剧。我感谢这种建议，可是不能采用。因为那么一来，我的葬送三个时代的目的就难达到了。抱住一件事去发展，恐怕茶馆不等被人霸占就已垮台了。我的写法多少有点新的尝试，没完全叫老套子捆住。

我热诚地接受别人的意见，修改剧本，这很好。但是，这也证明因为没有多考虑思想上的问题，我只好从枝节上删删补补，而提来的意见往往又正是从枝节上着眼的。我心中既没有高深的思想打底，也就无从判断哪些意见可以采纳，哪些意见可以不必听从。没有思想上的深厚基础，我的勤于修改恰好表明了自己的举棋不定。

我的较好的作品，也不过仅足起一时的影响，事过境迁就没有什么用处了。是的，起一时的影响就好。但，那究竟不如今天有影响，明天还有影响。禁不住岁月考验的不能算做伟大的作品，而我们的伟大时代是应该产生伟大作品的。

一个作家理当同时也是思想家。

· 山南海北、儿女、花草 ·

十年来，我始终没治好我的腿病。腿不利落，就剥夺了我深入工农兵生活的权利。我不肯去给他们添麻烦。我甚至连旅行、参观也不敢多去。我喜欢旅行、参观；但是一不留神，腿病即大发，须入医院。这样，我只能在北京城里绕圈圈，找些写作资料。

我多么盼望腿疾速愈，健步如飞，能够跟青年男女一同到山南海北去生活，去写作啊！

新疆半月

（一九五七年）五月十九日去祝贺新疆作家协会分会的成立。

这是我第一次到新疆去。我渴望能够在开会前后，看看天山南北，开开眼界。可是，除了乌鲁木齐，我只抓紧了时间，走马观花地看了看石河子军垦区，别的什么也没能去看。

主要的原因是内地的作家到新疆去的太少了，所以听说我来到，大家都要求见见面。看清楚了这个情形，我马上决定：先见人，后游览。参加大会的苏联作家们用两天的时间，去游吐鲁番；我没有去——我利用这两天开了四个座谈会，会见了中学语文教师、兵团文艺工作者、《天山》编辑部，和一部分业余作家。我是这么想：假若时间不够，无从去看吐鲁番和其他的地方，反正我会见了朋友，总算“尽职”。反之，我若把时间都花费在游览上，来不及会见友人，便悔之晚矣。朋友比高山大川更重要。

在半月之间，我作了十次“座谈报告”——这是我新造的词汇。大家都知道我的身体不太好，所以不便约我作长篇大论的报告，而邀我座谈。事实上，座谈会上不是递条子，便是发问，我只好作大段独白，等于作报告。除了前段提到的，我还向语文学院的教授与学生、八一农学院的大部分学员、石油管理局的野战队队员、广播电台的文艺干部与石河子的文艺爱好者作了座谈报告，并在屈原纪念会上和乌鲁木齐市的青年写作者见了面。

座谈报告而外，还接到了八十多封信，我都作了简单的答复。信中有的还附着文稿，实在找不到时间阅读，只好道歉退还。

在乌鲁木齐而外，我只看见了石河子。好，就以石河子来说，难道不是一个奇迹么？原来的石河子只有几间卖茶水的小屋，立在乌鲁木齐——伊犁的大道道旁，等待着行人在此休息、打尖、饮马。此外，便什么也没有了。今天呢，这里建起了一座新的城，有银行、邮局、百货店、食堂、电影院、学校、医院、榨油厂、拖拉机修配厂和体面而舒适的招待所。城外，原来只有苇塘万顷，今天变成了产小麦与棉花的广阔绿洲。看，天山在南，沙漠在北，中间是一望无际的绿油油的麦田与棉田。每一块田的四周都整整齐齐地种上了防风矮树，树荫下便是灌田的水渠。这是几年来。四个师（现编为两师）的战士的创造，完全从无到有，把荒原变成沃野。据说，在刚一动手开荒的时候，战士们都须用泥把脸与身上涂严，否则牛虻和蚊子会把他们咬坏。那时候，连首长也得住地窝子——地下挖个洞，上面盖些苇棍儿。那时候，狼与野兽白天也会向他们袭击。英雄的本质便是不向困难低头：他们不但开了地，而且盖起来宿舍、学校与医院等等。他们没有工程师，但是房子盖得不但质量好，而且朴雅可爱。他们会自己烧砖，也会自己安电灯。他们有手，有脑，有决心，他们就创造了一切，给世界地图上添了一座新城，一座从来没有过人剥削人的新城。在参观医院的时候，我听到刚生下来的娃娃的啼声。幸福的娃娃们，生在一个万事全新的城市里！

在这个垦区里原有些兄弟民族的农户，散居各处。他们热情地和垦荒部队合作，迁到几处，聚族而居。这样就有了办农业合作社的条件，也就马上利用了这个条件，组织起来。从公路上，我看到了一两处新村：房子，学校，全是新的。当然，他们的生活方式与社会制度也都是新的。

军垦区之外，还有多少多少建设值得写啊！我和石油管理局野战队的青年男女座谈了一次，他们赠给我一小玻璃管克拉玛依的原油，还有几小块云母与玛瑙。他们拾到了这些宝物，也收集了最宝贵的人生经验。他们不但认识了新疆的山河与宝藏，也认识了他们自己，建设社会主义的青年勇士！沙漠上的狂风，天山上的积雪，都使他们有时痛苦，又有时狂喜。痛苦啊，狂喜啊，有青年的地方就是有诗料的地方！

内蒙风光

一九六一年夏天，我们——作家、画家、音乐家、舞蹈家、歌唱家等共二十来人，应内蒙古自治区乌兰夫同志的邀请，由中央文化部、民族事务委员会和中国文联进行组织，到内蒙古东部和西部参观访问了八个星期。陪同我们的是内蒙古文化局的布赫同志。他给我们安排了很好的参观程序，使我们在不甚长的时间内看到林区、牧区、农区、渔场、风景区和工业基地；也看到了一些古迹、学校和展览馆；并且参加了各处的文艺活动，交流经验，互相学习。

这回，有机会看到大兴安岭，并且进到原始森林里边去。目之所及，哪里都是绿的。的确是林海。群岭起伏是林海的波浪。多少种绿颜色呀：深的，浅的，明的，暗的，绿得难以形容，绿得无以名之。谁进入岭中，看到那数不尽的青松白桦，能够不马上向四面八方望一望呢？有多少省份用过这里的木材呀！它的美丽与建设结为一体，不仅使我们拍掌称奇，而且叫心中感到温暖，因而亲切、舒服。

我看到了草原。那里的天比别处的天更可爱，空气是那么清鲜，天空是那么明朗，使我总想高歌一曲，表示我的愉快。在天底下，一碧千里，而并不茫茫。人畜两旺，这是个翡翠的世界。连江南也未必有这样的景色啊！

达赉湖的水有多么深，鱼有多么厚。我们吃到湖中的鱼，非常肥美。水好，所以鱼肥。有三条河流入湖中，而三条河都经过草原，所以湖水一碧千顷——草原青未了，又到绿波前。湖上飞翔着许多白鸥。在碧岸、翠湖、青天、白鸥之间游荡着渔船，何等迷人的美景！

札兰屯真无愧是塞上的一颗珍珠。多么幽美呀！它不像苏杭那么明媚，也没有天山万古积雪的气势，可是它独具风格，幽美得迷人。它几乎没有什么人工的雕饰，只是纯系自然的那么一些山川草木。

南游

一九六二年的上半年，我没能写出什么东西来。不是因为生病，也不是因为偷懒，而是因为出游。

二月里，我到广州去参加戏剧创作会议。在北方，天气还很冷，上火车时，我还穿着皮大衣。一进广东界，百花盛开，我的皮大衣没了用处。于是就动了春游之念。在会议进行中，我利用周末，游览了从化、佛山、新会、高要等名城。广东的公路真好，我们的车子又新又快，幸福非浅。会议闭幕后，游兴犹浓，及同阳翰笙、曹禺诸友，经惠阳、海丰、普宁、海门等处，到汕头小住，并到澄海、潮安参观。再由潮汕去福建，游览了漳州、厦门、泉州与福州，然后从上海回北京。

在各地游览中，总是先逛公园。从前，我不敢多到公园去，讨厌那些饱食终日，言不及义的闲人们。现在，一进公园，看到花木的繁茂，亭池的美丽，精神已为之一振。及至看到游人，心里便更加高兴。看，劳动人民扶老携幼，来过星期日或别的假日，说着笑着，或三五友人聚餐，或全家品茗休息，多么美丽呀！公园美，人健康，生活有所改善，不是最足令人高兴的事么？

今天，凡是值得保存的文物都加以保护，并进行研究，使我们感到自豪。不但广州、福州的古寺名园或修葺一新，或加意保护，就是佛山的祖祠，高要的七星岩，也都是古迹重光，辉煌灿烂。

在广东、福建各地游览，几乎每晚都有好戏看。粤剧、潮剧、话剧、闽剧、高甲戏、莆仙戏……没法看完，而且都多么精彩啊！最令人高兴的是每个剧种都有了传人，老师傅们把绝技毫无保留地传授给男女学徒。那些小学生有出息，前途不可限量。师傅教的得法，学生学的勤恳，所以学得快，也学的好。看到这么多剧种争奇斗妍，才真明白了什么叫百花齐放，而且是多么鲜美的花呀！我爱好文艺，见此光景，自然高兴；我想，别人也会高兴，谁不爱看好戏呢？

花草

我爱花，所以也爱养花。我可还没成为养花专家，因为没有工夫去作研究与试验。我只把养花当作生活中的一种乐趣，花开得大小好坏都不计较，只要开花，我就高兴。在我的小院中，到夏天，满是花草，小猫儿们只好上房去玩耍，地上没有它们的运动场。冬天冷，院里无法摆花，只好都搬到屋里来。每到冬季，我的屋里总是花比人多。形势逼人！屋中养花，有如笼中养鸟，即使用心调护，也养不出个样子来。除非特建花室，实在无法解决问题。我的小院里，又无隙地可建花室！

花虽多，但无奇花异草。珍贵的花草不易养活，看着一棵好花生病欲死是件难过的事。我不愿时时落泪。北京的气候，对养花来说，不算很好。冬天冷，春天多风，夏天不是干旱就是大雨倾盆；秋天最好，可是忽然会闹霜冻。在这种气候里，想把南方的好花养活，我还没有那么大的本事。因此，我只养些好种易活、自己会奋斗的花草。

春天到来，我的花草还是不易安排：早些移出吧，怕风霜侵犯；不搬出去吧，又都发出细条嫩叶，很不健康。这种细条子不会长出花来。看着真令人焦心！

好容易盼到夏天，花盆都运至院中，可还不完全顺利。院小，不透风，许多花儿便生了病。特别由南方来的那些，如白玉兰、栀子、茉莉、小金桔、茶花……也不怎么就叶落枝枯，悄悄死去。因此，我打定主意，在买来这些比较娇贵的花儿之时，就认为它们不能长寿，尽到我的心，而又不作幻想，以免枯死的时候落泪伤神。同时，也多种些叫它死也不肯死的花草，如夹竹桃之类，以期老有些花儿看。

夏天，北京的阳光过暴，而且不下雨则已，一下就是倾盆倒海而来，势不可当，也不利于花草的生长。

秋天较好。可是忽然一阵冷风，无法预防，娇嫩些的花儿就受了重伤。于是，全家动员，七手八脚，往屋里搬呀！各屋里都挤满了花盆，人们出来进去都须留神，以免绊倒！

不过，尽管花草自己会奋斗，我若置之不理，任其自生自灭，它们多数还是会死了的。我得天天照管它们，像好朋友似的关切它们。一来二去，我摸着一些门道：有的喜阴，就别放在太阳地里，有的喜干，就别多浇水。这是个乐趣，摸住门道，花草养活了，而且三年五载老活着、开花，多么有意思呀！不是乱吹，这就是知识呀！多得些知识，一定不是坏事。

我不是有腿病吗，不但不利于行，也不利于久坐。我不知道花草们受我的照顾，感谢我不感谢；我可得感谢它们。在我工作的时候，我总是写了几十个字，就到院中去看看，浇浇这棵，搬搬那盆，然后回到屋中再写一点，然后再出去，如此循环，把脑力劳动与体力劳动结合到一起，有益身心，胜于吃药。要是赶上狂风暴雨或天气突变哪，就得全家动员，抢救花草，十分紧张。几百盆花，都要很快地抢到屋里去，使人腰酸腿疼，热汗直流。第二天，天气好转，又得把花儿都搬出去，就又一次腰酸腿疼，热汗直流。可是，这多么有意思呀！不劳动，连棵花儿也养不活，这难道不是真理么？

送牛奶的同志，进门就夸“好香”！这使我们全家都感到骄傲。赶到昙花开放的时候，约几位朋友来看看，更有秉烛夜游的神气——昙花总在夜里放蕊。花儿分根了，一棵分为数棵，就赠给朋友们一些；看着友人拿走自己的劳动果实，心里自然特别喜欢。

当然，也有伤心的时候，夏天就有那么一回。三百株菊秧还在地上（没到移入盆中的时候），下了暴雨。邻家的墙倒了下来，菊秧被砸死者约三十多种，一百多棵！全家都几天没有笑容！

改造思想

解放后，我才明白了文艺须为人民服务的道理，也就按照这个方针去进行写作。这是个很大的收获。有此理解，我才不但改变了写作的态度，而且改变了做人的态度。这就是说，我须站在人民里边，而不该高高在上，站在人民的上边，像从前那样——从前，虽然对人民也有同情，也想为他们说话，但总以为自己的文化水平比他们的高，见识比他们的广，我须帮助他们，他们帮助不了我。到解放后，才慢慢明白过来，这种知识分子的优越感是狂妄的。事实证明：有党的领导和人民的创造才有新社会的一切。作家除了接受党的领导，和向人民学习，便很难写出像样子的作品。作家不应是替人民说话，而是应该向人民学习，说人民的话。看清楚这一点，人民与我自己的关系就有了很大的变化：人民应该是作家的良师益友，作家不该自高自大。替人民说话的态度，也就是旧小说里侠客偶然替人民打抱不平的态度。一旦侠客而投靠“清官”，便变成了统治者的爪牙，如黄天霸了。说人民的话，可就不是这样“玩票”的态度；必须在思想与感情上和人民一致，站在同一的立场上。

·向人民学习·

以我自己来说，我虽没有什么专门学问，可是究竟读过一些书，而且会编写一些故事。于是就觉得自己必定有些天才，也就不由地骄傲起来。一骄傲，就看不起人民，脱离群众。越重视书本，就越轻看现实生活；越自居天才，就越轻视人民的智慧。一来二去，把自己的知识和人民的知识隔离开来，以为自己的知识是一般人民所不易得到的，而自己更无须去了解人民，从人民中吸收知识。这样，自己的知识本极有限，而又不肯拜人民为师，去丰富知识，特别是阶级斗争的知识，所以作家便非狂傲不可了；不到狂傲无知的程度，便不易维持住自己的优越感了。我在解放后，才有了这点认识。是嘛，看一看全国各处的从无到有的建设，就马上会明白，每一项建设都需要多少知识呵，我们自己的那一点点知识真是沧海之一粟啊！再就革命来说，人民的斗争经验是多么丰富，党的领导是多么英明，我们在作品中反映了多少呢，反映得怎样呢？这么一想，就不该骄傲，并且应下决心向人民学习了。

·为人民服务·

我生长在寒家，自幼儿即懂得吃苦耐劳。可是，我所受的教育是资产阶级的教育。因此，即使我不曾拼命地去争名夺利，可是也不肯完全放弃名利。这就是说，在旧社会里，我虽没有无耻地往高处爬，可是也不大明确自己究竟是干什么的。写作是为了什么呢？想来想去，似乎还是为了个人的名利，很难找到别的解释。直到解放后，我才找到了正确的答案，知道了我应当为人民服务。有了这个答案，我才真正认识了自己是干什么的，不该再在名利圈子里绕来绕去了。

这样，我就拼命去写作了。只要是人民需要的，我就肯写。我对各种文艺形式都一视同仁，没有值得写和不值得写的分别。我写话剧，也写戏曲；我写论文，也写相声。在我看，米麦和杂粮各有各的用处，就都值得耕种；笔耕也是如此。

在写作而外，我也参加许多社会活动和文艺团体的工作。有一次，一位来自资本主义国家的朋友善意地对我说：你为什么要参加那些活动和工作呢？你是作家，你应当专心写作！当时，我没有答辩，怕得罪了客人。可是，我心里有数儿，知道自己是新社会的作家。我不能专顾个人的名利，去埋头写作；（那恐怕也写不出什么！）我必须到社会需要我的地方去。这要是搁在解放前，我必定感谢那位客人，而觉得忙于社会活动等等是不必要的。可是，这发生在不久以前，所以我感到心安理得，应该参加那些活动。这个事例或者也足以帮助说明，把资产阶级的个人名利思想放在第一位，则个人与新社会的关系没法摆正，处处别扭。反之，若把为人民服务放在第一位，则个人与社会的关系水乳交融，亲切愉快。

·找到自己位置·

我虽然同情革命，但我还不是革命的一部分，所以，我并不真正理解革命，而对不理解的东西是无法写出有价值的东西的。

我写过《骆驼祥子》。那是因为，那时的世界是一个人人都可以很容易地找到自己位置的世界。那时人与人的关系很明显，界线划分得十分清晰，有人一贫如洗，有人富甲天下；有人被剥削，有人剥削人。这些都是实实在在的东西，作家可以描写这些现象，就像一个人可以用相机把它们照下来一样。祥子不一定真的像我写的那样感觉和思想，但当我创造这个人物时，我可以设身处地，想象如果我在祥子的位置上，我会怎样做。这种经验是读者也可以分享的，读者可以想见自己拉着洋车，而不是坐在洋车上。任何没到过北京的外国人也可以想象自己在同样处境下的感觉。

从写作角度看，那是一个相对比较简单的情景，贫富差距十分明显，饥饿和疾病造成了巨大的痛苦，而那些应该负责的人却对此漠不关心。在中国，一个被接受的现实是千百万人生存的价值就像一群牲畜，他们存在的理由仅仅在于为少数人服务，他们是消耗品，他们的性命一文不值。一些外国人也不把中国人当做和他们自己有一样情感，一样痛苦或悲伤的人类看待。

在那种时代，你要么和那些认为社会现实是自然秩序的人同流合污，要么就站在他们的对立面。这就是革命的实质。如果你相信普天下四海之内皆兄弟，那你也就没什么别的选择了。你就是一个革命者了，你就会支持那些有勇气、有决心改变社会现状的人了。

但这并不是说我们就都是马克思主义革命家了，我们也不是科学的改革家。当年参加五·四运动时，毛泽东并不是共产党人，他也不可能是。当时，中国没有人知道共产主义。但对毛泽东和我们大家来说，当时的状况已经发展到让人无法忍受了。革命开始唤起了大众对自身处境的认识，他们被外国列强踢进了苦难深渊。从太平天国和义和团运动以来，他们第一次看到，外国列强并不是中国统治阶级的敌人，而是他们的同盟。外国帝国主义和中国的资本主义实质上是一丘之貉。

所以，我们必需先赶走那些剥削和欺辱中国人的外国人，然后再回过头来对付那些依仗洋枪洋炮、做着同样坏事的中国人。

革命的第一阶段是爱国主义的。第二阶段是爱国主义和要取得推翻受帝国主义支持的国内反动派的胜利。所有人都能理解所发生的事情，连没有文化的祥子都能明白。现在，革命进入了一个新的阶段，重点是要改变思维方法，而不是改变生活条件了。

我能理解为什么毛泽东希望摧毁旧的资产阶级生活方式，但我不是马克思主义者，所以我无法描写这一斗争。我也无法和一九六六年的北京学生一样思维或感受世界，他们是用马克思主义的观点看待世界的。

你们大概觉得我是一个六十九岁的资产阶级老人，一方面希望革命成功，一方面又总是跟不上革命的步伐。我们这些老人不必再为我们的行为道歉，我们能做的就是解释一下我们为什么会这样，为那些寻找自己未来的青年人扬手送行。我们把描写新社会的任务也移交给青年一代，他们可以根据他们的经验改造社会。

第七章

滚滚

横流水

“请告诉朋友们，我没有问题，我很好……”

“我这些天，身体不好。气管的一个小血管破裂了，大口大口的吐血。遵医生的命令，我烟也不吸了，酒也不喝了。市委宣传部长告诉我不要去学习了，在家休养休养。前些天，我去参加了一次批判大会，其中有我们不少朋友，嗯，受受教育……”

“是谁给他们的权力？”

“历史上，外国的文化大革命，从来都是破坏文化的，文物遭到了大损害。”

……

“又要死人了！”

……

“尤其是那些刚烈而清白的人。”

“我没有说违心的话，我相信，毛主席，周总理是理解我的，人民是理解我的。”

第八章

再见

“再见！”